KNAUR
MENSSANA

Eloha Audrey Loups

Illustrationen von Stéphanie Pitino

Die Weisheit der Lichtfrauen

49 Potenzialkarten für deine Licht- und Schattenseiten mit Anleitungsbuch

Aus dem Französischen von Alexandra Baisch

KNAUR
MENSSANA

Die französische Originalausgabe erschien 2022
unter dem Titel *L'Oracle des Lumineuses* bei Le Courrier du Livre, Paris.

Besuchen Sie uns im Internet:
www.mens-sana.de

MIX
Papier
FSC® C017606

Deutsche Erstausgabe November 2023

Redaktion: Horst Kappen
Covergestaltung: ZERO Werbeagentur
Coverabbildung: Stéphanie Pitino
Satz: Adobe InDesign im Verlag
Druck und Bindung: Hung Hing Printing Group, Hong Kong
ISBN 978-3-426-65922-9

2 4 6 5 3

INHALT

Die Karten

DAS ORAKEL DER LICHTFRAUEN MIT IHREN LICHT- UND SCHATTENSEITEN

Willkommen im Reich der Lichtfrauen

Die Weisheit der Lichtfrauen richtet sich an Frauen, die ihre Dualität annehmen und im Einklang mit ihr leben wollen.

In einer Gesellschaft, in der das ganze Leben auf die Suche nach Perfektion ausgerichtet sein kann, ist es überaus wichtig – und notwendig –, wieder zu uns selbst zu finden. Zu unserer wahrhaften Menschlichkeit, die sich in der Dualität ausdrückt.

So, wie wir es im Yin und Yang (in der chinesischen Philosophie) vorfinden, dem Femininen und dem Maskulinen. Dem Schatten und dem Licht. Im Daoismus zum Beispiel wird diese Dualität nicht als negativ wahrgenommen, ganz im Gegenteil. Sie ist Teil des ewigen Lebenszyklus, der dem Streben nach einem Gleichgewicht gewidmet ist. Ein absolut perfektes Gleichgewicht gibt es jedoch nicht, denn es würde unweigerlich zum Stillstand und damit zum Tod führen.

In diesem Orakel findest du die sieben Hauptwesenszüge der Frau mit ihren unterschiedlichen Archetypen, alles in allem also 49 Karten.

Betrachte und erachte diese Karten als Spiegel. Als Spiegel, die dir deine Schattenseiten und deine Lichtseiten aufzeigen.

Jeder Archetyp ist ein Teil von dir und zeigt sich, um dich zu deinem inneren Gleichgewicht zu führen, all deine Facetten ans Licht zu bringen und dich dabei zu unterstützen, dich in deinem ganzen Sein ohne Vorbehalte anzunehmen.

Dein Ego kann während des Kartenlegens durchaus etwas gebeutelt werden, denn es mag keine Veränderungen. Trau dich, diese Botschaften zu empfangen, um das zu verwandeln, was zu sehen, zu hören oder zu verstehen du dich bislang geweigert hast. Hab keine Angst, wenn es darum geht, den Schleier der Illusion zu lüften. Alles ist eine Frage der Wahrnehmung, und unsere ganz persönliche Harmonie fängt mit unserer Fähigkeit an, ein Gleichgewicht zwischen den Kräften, die sich in uns vereinen, entstehen zu lassen.

Dieses Orakel gleicht einem Appell an dein Menschsein im Hier und Jetzt. Indem du deine Licht- wie auch deine Schattenseiten annimmst, lässt du zu, dass sich dein Herz öffnet und du dein Menschsein tatsächlich in seiner Ganzheit annimmst!

Sobald du diese beiden Seiten in dir willkommen heißt, kannst du mit dem Impuls des *Qi* (der Energie) und der alchemistischen Formel, die für jede Karte vorgeschlagen wird, an einem Gleichgewicht arbeiten. Das Orakel der Lichtfrauen hat zum Ziel, dich auf einen Weg der Harmonie, der Heilung und der Selbstliebe zu führen.

Wir wünschen dir viel Freude auf diesem Weg im Gleichgewicht deiner Gegensätze.

Eloha & Stéphanie

»Deine Vision wird erst dann klarer,
wenn du in dein eigenes Herz
schauen kannst. Wer nach
außen schaut, träumt; wer nach
innen schaut, wacht auf.«
C. G. Jung

DIE ARBEIT MIT DEM ORAKEL

Zu jeder Karte findest du fünf charakteristische Eigenschaften:

DIE JEDEM ARCHETYP EIGENE STÄRKE: Jeder Archetyp verfügt über eine unfassbare Kraft. Diese Kraft ist eine Gabe, die wir nutzen sollten, um auf unserem Lebensweg voranzukommen.

DIE SCHATTENSEITE: Jeder Archetyp birgt auch finstere Aspekte in sich. In der heutigen Gesellschaft findet unser Ego kaum Anklang. Dabei muss jede Frau sich auch in dieser weiblichen Dimension annehmen, damit sie heilen und sich auf ein Gleichgewicht zubewegen kann.

DAS GLEICHGEWICHT: Dadurch, dass wir die Licht- und Schattenseiten in uns kennenlernen und willkommen heißen, strebt jeder Archetyp nach einem erfüllenden Gleichgewicht, das unserem Lebensweg Richtung und Orientierung verleiht.

DER IMPULS DES *QI*: das *Qi* (die Energie) im Daoismus. Alles in diesem Menschsein ist Energie. Unsere Dualität wird dargestellt durch das Symbol von Yin und Yang (Schwarz und Weiß). Doch nicht allein dadurch. Gemäß der grundlegenden Lehre des Daoismus befindet sich alles beständig in Bewegung, ist gleichzeitig aber auch austauschbar, denn das, was wir momentan als Yin erachten, kann in einem anderen Kontext zum Yang werden. So unterteilt unsere Gesellschaft die Adjektive zum Beispiel in positive und negative Kategorien. Ist jemand wütend, eifersüchtig oder faul, so ist das gemäß unserer Weltanschauung negativ zu bewerten. Als positiv wird hingegen wahrgenommen, wenn man fröhlich, unternehmungslustig oder sportlich ist. Das ist jedoch eine sehr westliche Betrachtungsweise. In der daoistischen Kultur kann alles positiv oder negativ sein, da alles existiert.

Folglich kann uns dieser Impuls des *Qi* dabei helfen, unser Gleichgewicht zu erlangen.

DIE ALCHEMISTISCHE FORMEL: Dank der Neurowissenschaften wissen wir, dass unsere Gedanken – ähnlich wie es beim Gesetz der Anziehung der Fall ist – unser Leben beeinflussen. Wiederholst du diese Formel mehrmals täglich für dich selbst wie einen Refrain, dann hilft sie dir dabei, sowohl deine Kraft wie auch deine Schattenseite umzuwandeln.

Das Legen der Karten

Es gibt drei Möglichkeiten, dieses Orakel zu befragen.

1. Ziehe eine einzelne Karte, um Antwort auf eine Frage zu erhalten:

- Konzentriere dich auf deine Atmung und atme dreimal ganz ruhig ein und aus.
- Stelle deine Frage laut, während du die Karten mischst.
- Wiederhole diese Frage in Gedanken, während du tief einatmest, als würde sie durch dein Kronenchakra zum Himmel aufsteigen, und lasse sie beim Ausatmen in dein Energiezentrum zurückfließen (es lässt sich als kleine Erhebung unterhalb deines Bauchnabels erspüren).
- Ziehe als Nächstes deine Karte und nimm dir ausreichend Zeit, das Bild zu betrachten, ehe du den dazugehörigen Text liest.

2. Ziehe zwei Karten, um herauszufinden, welche Archetypen jetzt in deinem Leben von Bedeutung sind:

Wir können all diese Archetypen in uns herausbilden. Wichtig daran ist nur, dass wir lernen, sie anzunehmen und mit ihnen zu arbeiten.

- Für diese Form des Kartenlegens schlage ich vor, dass du dich im Schneidersitz hinsetzt.
- Lasse deine Chakren zur Ruhe kommen und frage dich dann: »Welcher Archetyp erfüllt mich jetzt gerade?« Ziehe im Anschluss eine Karte.
- [illegible] Archetyp sollte ich jetzt gerade in meinem Leben herausbilden?« Ziehe daraufhin eine zweite Karte.

3. Ziehe vier Karten, um Hinweise zu deiner aktuellen Lebenslage zu erhalten:

- Schließe die Augen.
- Atme tief ein und halte die Luft einen Moment lang an, ehe du wieder ausatmest. Wiederhole diesen Vorgang dreimal.
- Reibe deine Handflächen aneinander.
- Lege die Hände dann auf dein Energiezentrum (es befindet sich unterhalb deines Bauchnabels), wobei du die rechte Hand direkt auf den Bauch legst und dann die linke Hand auf die rechte.
- Breite das Orakel danach fächerartig vor dir aus.
- Sieh nach links und bitte das Universum, dich zu unterstützen, indem du den Fokus auf deine weibliche Seite richtest.
- Sieh dann nach rechts und bitte das Universum, dich zu unterstützen, indem du den Fokus auf deine männliche Seite richtest.
- Blicke anschließend nach vorn und bitte den Archetyp der Frau, die dich momen-

tan ausmacht, dir in deiner jetzigen Situation zu helfen.

- Blicke zum Schluss nach hinten und bitte den Archetyp der Frau, die du zuvor warst, dir in deiner jetzigen Situation zu helfen.

Deine linke (feminine) und deine rechte (maskuline) Seite, die momentan im Ungleichgewicht und uneins miteinander sind, müssen zusammenarbeiten, damit sich die Frau, die du gegenwärtig bist, ganz entfalten kann.

Was den Archetyp der Frau betrifft, die du zuvor warst, so kannst du dich bei ihm bedanken und ein Gleichgewicht entstehen lassen, damit seine Schattenseite dich nicht länger stagnieren lässt.

Die Karten

DIE FRAU, DIE SICH IHRES GEISTES BEDIENT

Sie repräsentiert den Archetyp der Frau, die sich das Mentale zunutze macht. Das ist einerseits eine Stärke, birgt andererseits aber die Gefahr der Abkapselung und der Entfremdung vom Körper. Sie ist diejenige Frau, die mit neuen Ideen für eine von Umwälzung betroffene Welt aufwarten kann.

DIE INTELLEKTUELLE
- I -

- 1 -
DIE INTELLEKTUELLE

Du bist glücklich, wenn du in deine Bücherwelt abtauchen kannst. Deine Suche ist eine Suche des Geistes. Unablässig bist du bemüht, geistige Nahrung zu finden, denn so erweiterst du dein Wissen und deine Kenntnisse über die Welt.

DEINE STÄRKE: Du besitzt einen großen Wissensschatz, der vielfältige Themen umfasst. Du zeichnest dich durch deine sprachlich-linguistische und/oder deine logisch-mathematische Intelligenz aus.

Du strebst danach, deine Kenntnisse zu erweitern und zu vertiefen, denn dadurch tauchst du in die unzähligen Facetten des Menschseins ein.

Denke darüber nach, wie sich neue gedankliche Perspektiven oder Visionen für diese im Wandel begriffene Welt erarbeiten lassen. Mit deiner Intelligenz kannst du für andere von Nutzen sein; lass sie an deinem Wissen teilhaben.

DEINE SCHATTENSEITE: Die Welt des Intellekts kann zu einer sehr ichbezogenen, einengenden Welt werden, wenn du dich nicht auch anderen Themen öffnest als jenen, die dich ohnehin schon interessieren, und anderen Menschen, die im Gegensatz zu dir keine Kopfmenschen sind. Nimm dich in Acht vor dem Drang, dich in deine Bücher- und Orakelwelt zu flüchten, um so die Realität zu vergessen.

DAS GLEICHGEWICHT: Nutze dein Wissen, um es mit anderen Menschen zu teilen. Deine Sprache muss sich jedem anpassen können, damit alle einen Zugang dazu finden.

DER IMPULS DES *QI*: Lies zur Abwechslung etwas anderes. Wende dich ungewohnten Textformaten zu.

DIE ALCHEMISTISCHE FORMEL: »Mein Geist wird jeden Tag durchlässiger, damit ich meine Kenntnisse immer mehr erweitern kann.«

DIE RATIONALE
-2-

- 2 -
DIE RATIONALE

Du stehst mit beiden Beinen im Leben und betrachtest es mit einer bisweilen erschreckenden Nüchternheit. Deine Überzeugungen beruhen einzig und allein auf Tatsachen und dem, was du vor Augen hast.

DEINE STÄRKE: Du bist meist sehr gut verankert, wobei dir tatsächlich dein Körper als Anker dient. Deine Vernunft bewahrt dich davor, auf emotionale Abwege zu geraten und dich vor der Realität des Lebens zu verstecken. Du hast also deine Gefühle im Griff und dich selbst unter Kontrolle.

Du willst den Lauf der Geschichte nicht verändern, sondern die Gegenwart annehmen.

DEINE SCHATTENSEITE: Durch deinen Hang, alles rational zu erörtern, schließt du dich in der Rüstung einer selbstsicheren Frau ein, lebst aber in der Angst vor dem Unbekannten, der Intuition und davor, dein Herz zu öffnen.

Als Kind hast du diese Seite nicht erfahren und fürchtest daher, durch die Verbindung mit deiner spirituellen Frau in den Augen der Gesellschaft als überspannt oder weltfremd zu gelten.

DAS GLEICHGEWICHT: Trau dich, jenen, die die Augen vor den Tatsachen verschließen, zu zeigen, was tatsächlich in der Welt vor sich geht. Werde zur Fürsprecherin der Realität, wie sie nun einmal ist, indem du dein Herz öffnest und auf deine Intuition vertraust.

DER IMPULS DES *QI*: Entwickle deine spirituelle Frau. Entdecke das Irrationale.

DIE ALCHEMISTISCHE FORMEL: »Meine Vernunft ist eine Freundin, die auf meinem Weg Unbekannten die Hand reicht, damit ich mich meinem Bewusstsein öffne.«

DIE UNBEIRRBARE
- 3 -

- 3 -
DIE UNBEIRRBARE

Du besitzt eine große Willensstärke und bist eine Frau, die weiß, was sie will. Du kennst deinen Weg und fragst nur selten um Rat, da du aus deinem eisernen Willen schöpfst.

DEINE STÄRKE: Du schreitest voran, ohne zurückzublicken, denn du bist für alle Situationen gewappnet. Du findest immer eine Lösung. Häufig beneidet man dich um deine Energie, die es dir erlaubt, auf deinem Lebensweg stets weiterzugehen.

Deine Bestimmtheit und klare Haltung zeichnen dich aus und schützen dich davor, dich von den Meinungen anderer beeinflussen zu lassen.

Zudem kommt dir dein hohes Maß an Energie bei der zügigen Umsetzung deiner Vorhaben zugute.

DEINE SCHATTENSEITE: Du neigst dazu, unbeirrbar an Ansichten und Überzeugungen festzuhalten, die deinen Horizont einschränken können.

Wenn du nicht loslassen willst, stehst du irgendwann vor einer Mauer, die dir den weiteren Weg versperrt.

Dein Bestreben, dich an die erste Stelle zu setzen, lässt dich mitunter vergessen, dass du Teil einer Gemeinschaft bist und es nicht schaden kann, sich anzuhören, was andere zu sagen haben, will man gemeinsam etwas auf die Beine stellen.

DAS GLEICHGEWICHT: Schöpfe aus deiner Fähigkeit, nach vorn zu streben, akzeptiere aber gleichzeitig, dass du dich hin und wieder auch irren kannst. Räumst du ein, dass du mitunter falschliegst, dann kannst du den besten Lebensweg für dich wählen und deinem Schicksal eine Wendung geben, die zu einem tieferen inneren Glück führt.

DER IMPULS DES *QI*: Halte nicht an fixen Vorstellungen fest. Richte dich nach den menschlichen Grundwerten.

DIE ALCHEMISTISCHE FORMEL: »Ich nehme das unendliche Potenzial an Möglichkeiten in mir wahr, mein Leben zu gestalten.«

DIE ANALYSIERENDE
-4-

-4-

DIE ANALYSIERENDE

Du bist unablässig damit beschäftigt, etwas zu analysieren. Diese Fähigkeit begleitet dich schon immer und erlaubt es dir zu verstehen, was um dich herum vorgeht und dich interessiert.

DEINE STÄRKE: Deine herausragende Eigenschaft besteht darin, die Menschheit mit all ihren Schwächen zu verstehen.

Du urteilst nicht.

Häufig analysierst du die Ereignisse wie einen Spielverlauf.

Du bist auf der Suche nach einer neuen Wahrheit und/oder nach einer Erweiterung deines inneren Wissensschatzes.

DEINE SCHATTENSEITE: Dein Drang, alles analysieren zu wollen, lässt dich ganz vergessen, dass das Leben auch sehr viel Geheimnisvolles zu bieten hat.

Es mag frustrierend sein, nicht alles zu verstehen, aber lerne, damit zurechtzukommen, und übe dich in der Bescheidenheit, einfach nur eine Erdenbewohnerin in diesem unermesslichen Universum zu sein, eine Spielfigur auf dem großen Schachbrett des Lebens.

Räume auch der Leichtigkeit und dem Belanglosen einen Platz ein, denn das macht dein Leben bedeutend unbeschwerter und erlaubt dir, all jene besser zu verstehen, deren Leben sich allein um Vergnügungen dreht.

DAS GLEICHGEWICHT: Versuche, nicht bewusst auf ein konkretes Ziel hin zu analysieren, sondern lasse Platz für die unbekannten Variablen in der Gleichung des Lebens. Akzeptiere, dass nichts absolut ist.

DER IMPULS DES *QI*: Analysiere weniger und unbefangener. Befasse dich nicht zu eingehend mit den Schattenaspekten des Menschseins.

DIE ALCHEMISTISCHE FORMEL: »Ich lebe jenseits der Worte, damit sich meine Sinne besser ausdrücken können.«

DIE ICHBEZOGENE
-5-

- 5 -

DIE ICHBEZOGENE

Häufig bist du der Überzeugung, nicht vom Ego geleitet zu werden, sondern die Bescheidenheit in Person zu sein. Dabei stellt das Ego die absolut notwendige Scheidelinie zwischen der Innen- und der Außenwelt deines Seins dar und filtert das heraus, was dir nützlich ist.

DEINE STÄRKE: Du weißt, was dich im Leben erwartet. Du musst keine Luftschlösser bauen.

In puncto Selbstwert verlässt du dich auf dein eigenes spontanes – und manchmal vorschnelles – Urteil. Um voranzukommen, hältst du lieber an deinen Überzeugungen fest.

Dank dieser inneren Einstellung gelingt es dir, vor anderen mit der entsprechenden Selbstsicherheit und Gewandtheit aufzutreten. Das bestärkt dich darin, große Träume zu verfolgen.

DEINE SCHATTENSEITE: Du bist so sehr davon überzeugt, nicht vom Ego geleitet zu werden, dass du darüber deine vorrangige Seelenaufgabe vergisst: auch als Lichtwesen vor allem ein menschliches Leben zu führen.

Gestehe dir ein, dass deine Ego-Filter nützlich sind und du nicht nur ein göttliches Wesen bist.

Deine Emotionen, Überzeugungen und Dogmen versehen dich mit dem erforderlichen Maß an Ego, um diese menschliche Erfahrung zu machen.

Folglich gilt es nicht, das Ego zu bekämpfen, lade es vielmehr wie einen guten Freund zur Zwiesprache ein.

DAS GLEICHGEWICHT: Indem du dein Ego anerkennst, zeigt sich dir das Spiel der Spiegel, das im Äußeren reflektiert, was du in dir verbirgst. Nähre also in deinem Inneren, was du im Außen sehen möchtest.

DER IMPULS DES *QI*: Koste jeden Moment aus, als wäre er ein Geschenk. Sieh dich an, entwickle und verwandle dich mithilfe dessen, was dich im Innersten ausmacht.

DIE ALCHEMISTISCHE FORMEL: »Ich liebe die Person, die ich im gegenwärtigen Moment bin – mit all ihren Facetten.«

DIE VISIONÄRIN
-6-

-6-
DIE VISIONÄRIN

Du stehst oft außerhalb der Gesellschaft und fühlst dich durch deine zukunftsweisenden Ideen in ihr fremd und unverstanden.

Doch du gehörst zu den Frauen, die mit Ideen für die neue Welt von morgen aufwarten.

DEINE STÄRKE: Du zählst zu den wenigen, die neue Ideen für eine bessere Welt beitragen können.

Mache dir diesen Ehrenplatz bewusst und wage, laut auszusprechen, was noch kaum jemand hören kann oder will. Du bist der zündende Funke im unsteten Treiben des Wandels.

Du besitzt eine große Vorstellungs- und Schaffenskraft, die dein Leben unablässig mit Fantasie bereichert und mit neuen Impulsen versieht.

DEINE SCHATTENSEITE: Dein Gefühl der Andersartigkeit kann dazu führen, dass du dich versteckst, denn schon häufig haben sich andere über dich lustig gemacht.

Möglicherweise hindert dich dein mangelndes Selbstbewusstsein daran, dich wirklich authentisch zu geben, und drängt dich dazu, nur eines von vielen Schafen auf dem gesellschaftlichen Tummelplatz zu sein, weil du dich so in einen beruhigenden Konformismus hüllen kannst.

Der Weg der Visionärin ist mit Einsamkeit gepflastert, doch statt sie wie ein Stigma zu tragen, solltest du dich vielmehr mit ihr anfreunden.

DAS GLEICHGEWICHT: Jede Vision ist ein Schatz, den du zunächst zu Papier bringen solltest, um ihn im passenden Moment der Allgemeinheit präsentieren zu können.

DER IMPULS DES *QI*: Umgib dich mit Menschen, die für deine Ideen empfänglich sind. Achte auf deine Empfindungen. Finde eine unterstützende Umgebung, in der du dich offenbaren kannst.

DIE ALCHEMISTISCHE FORMEL: »Ich beobachte aufmerksam, wie sich die Puzzleteile zusammenfinden, voller Geduld und im Vertrauen auf meine Ideale.«

DIE TRÄUMERIN
- 7 -

- 7 -

DIE TRÄUMERIN

Du bist eine Tagträumerin und gehst durch das Leben wie eine Schlafwandlerin, deren Geist mit den Märchen aus *Tausendundeiner Nacht* erfüllt ist. Doch wenn du deinem Traum näherkommst, wirst du entdecken, mit wie viel Schönem und Reizvollem das wirkliche Leben für dich aufwartet.

DEINE STÄRKE: Lass dein Leben auch weiterhin von deinen Sehnsüchten und Träumereien verzaubern.

Du begeisterst dein Umfeld durch deinen Optimismus und den Hauch von Poesie, der dich umgibt.

Unsere Welt braucht diese sanften, träumerischen Nuancen, die du durch deine Seele zum Ausdruck bringst und die den Alltag manchmal etwas erträglicher machen.

Du folgst dem Weg deines Herzens, denn du bist eine Frau, die sich ganz unkompliziert den Genüssen und Freuden des Alltags hinzugeben versteht.

DEINE SCHATTENSEITE: Dein Hang zum Träumen lässt dich ganz vergessen, in der Realität eine solide Basis für deine Traumwelt zu schaffen.

Aus Angst, deine Pläne könnten sich nicht umsetzen lassen, verweilst du lieber weiter in deiner Traumwelt.

Zudem kannst du mit ihr einer manchmal schwierigen, letztlich unausweichlichen Realität entfliehen.

Du willst eine bessere Welt – aber was unternimmst du selbst, damit sie sich ändert?

DAS GLEICHGEWICHT: Träume zu haben erlaubt es, der Welt die Vorstellung von einem besseren Leben zu vermitteln. Diese Vorstellungswelt kann dazu dienen, das Alltagsleben zu verschönern und die Träume eines jeden wahr werden zu lassen.

DER IMPULS DES *QI*: Schreibe auf, wovon du träumst. Dann überlasse deinen Traum ein paar Tage sich selbst. Notiere anschließend drei ganz konkrete Schritte, wie du diesem Traum näherkommen kannst. Verfolge dann weiter deinen Traum, ohne dabei zu zielbezogen zu sein.

DIE ALCHEMISTISCHE FORMEL: »Ich lasse mich von meinen Träumen inspirieren, um mich selbst zu verwirklichen.«

DIE FRAU, DIE SICH IHRES HERZENS BEDIENT

Du bist eine Magierin aus einer anderen Zeit. Poesie, Sinnlichkeit, Sanftheit und Anteilnahme nehmen einen besonderen Platz in deinem Leben ein.

In unserer Gesellschaft kannst du damit als antiquiert gelten, denn du lässt dein Herz sprechen.

Diese Logik des Herzens gilt in unserer heutigen Gesellschaft nicht viel und läuft dem auch heute noch vorherrschenden Patriarchat sehr zuwider.

Du handelst im gegenwärtigen Moment und bist mit ganzem Herzen dabei.

DIE IN-SICH-GEKEHRTE
-8-

-8-

DIE IN-SICH-GEKEHRTE

Du hältst dich gern in einer harmonischen, gemütlichen Umgebung auf. Du fühlst dich an behaglichen öffentlichen Orten ebenso wohl wie in einer lauschigen Wohnung, die wie ein Kokon des Wohlseins anmutet.

DEINE STÄRKE: Du weißt, wie man Orte des Wohlgefühls erschafft. Deine Fähigkeit, Räume so einzurichten, dass die Behaglichkeit dort Einzug hält, oder mithilfe deiner Aura für eine besondere Atmosphäre zu sorgen, lädt die Menschen dazu ein, sich in einer solchen Oase der Ruhe niederzulassen.

Du besitzt diese Magie, die ganz von selbst nach außen strahlt. Die Menschen sind gern in deiner Nähe und vertrauen dir häufig ihre intimsten Geheimnisse an.

Die Welt braucht solche Menschen und Orte, die etwas Einladendes an sich haben, damit das Weibliche erneut einen sicheren Hafen findet.

DEINE SCHATTENSEITE: Du weißt zwar, wie man Orte des Wohlfühlens erschafft. Allerdings hinderst du durch deine mangelnde Anpassungsbereitschaft so manche Situation daran, konkrete Form anzunehmen.

In dem von dir geschaffenen und geprägten Umfeld schaltest und waltest du, wie es dir gefällt, doch das Leben besteht auch aus Bewegung und Veränderung, und Anpassungsvermögen ist Teil des universellen Gesetzes.

Sei im Übrigen nicht zu freigiebig mit deiner natürlichen Gabe, andere willkommen zu heißen und mit Liebe zu umhegen, denn du solltest nicht vergessen, dass du diesen Raum der Fürsorge zunächst einmal dir selbst schenken musst.

DAS GLEICHGEWICHT: Suche in jeder Situation, die dir unangenehm ist, nach einem inneren Gefühl der Ruhe und Ausgeglichenheit. Damit beschenkst du dich selbst und andere mit deiner Gabe, einen Raum der Harmonie zu schaffen – im Inneren wie im Äußeren.

DER IMPULS DES *QI*: Empfange, statt zu kontrollieren. Finde die Brücken zwischen der Harmonie und jedem Ereignis oder jeder Lebenssituation.

DIE ALCHEMISTISCHE FORMEL: »Ich schenke mir die Ruhe, mich jeder Situation voller Liebe anzupassen.«

DIE LIEBENDE
-9-

- 9 -
DIE LIEBENDE

Dein Herz steht der wahrhaft bedingungslosen Liebe offen. Jener Liebe, die aus etwas Größerem erwächst als dem eigenen Selbst und dazu befähigt, sich anderen zu öffnen. Du hast eine schöne Vision des Lebens und eines jeden Menschen.

DEINE STÄRKE: Du liebst bedingungslos und manchmal sehr leidenschaftlich.

Deine Liebe gilt allen Menschen, wächst über Vorurteile hinaus und konzentriert sich auf die Lichtseite im Du. Du lässt Verletzungen und Groll hinter dir, denn die Liebe belebt dich immer wieder aufs Neue.

Du bist wie ein Brunnen, durch den man die Verbindung zur Quelle allen Lebens finden kann. Einer Quelle, die niemals versiegt und die ihre Energie geradewegs aus der Erde schöpft, die in Verbindung mit den göttlichen Elementen steht.

Die Liebe ist dein alltägliches Sinnen und Trachten, denn durch das Herzchakra bist du mit der Außenwelt verbunden.

DEINE SCHATTENSEITE: Vergiss nicht, dass du deine Liebe nicht nur anderen, sondern auch dir selbst schenken sollst. Du tendierst dazu, mehr zu geben, als du erhältst. Lerne, die Liebe der anderen anzunehmen, um so auch dich selbst zu nähren.

Die Menschheit ist dazu bestimmt, in jedem menschlichen Wesen ihr Gleichgewicht zu finden. Nur weil du mit der Quelle verbunden bist, bedeutet das nicht, dass du dich aufopfern und deine Gaben großzügig verschenken sollst.

Manchmal sehnst du dich nach einem

Leben, das nur aus Liebe besteht. Verweile nicht in dieser Illusion eines Augenblicks, erachte sie vielmehr als eine Zukunftsvision.

DAS GLEICHGEWICHT: Achte im Austausch mit anderen auf ein gesundes Gleichgewicht zwischen Geben und Nehmen, von Selbst- und Nächstenliebe, damit diese Energie der Liebe stets frei zirkulieren kann. Erlerne diesen Tanz.

Lerne zudem, dir helfen, dich unterstützen und dich von anderen Schwestern begleiten zu lassen, die ebenfalls von dieser Liebe beseelt sind, denn so wirst du Erfüllung erfahren.

DER IMPULS DES *QI*: Schenke der Welt deine Liebe. Bleibe bescheiden. Folge der Stimme der Weisheit in dir.

DIE ALCHEMISTISCHE FORMEL: »Ich habe das Recht, mich selbst ebenso zu lieben, wie ich andere liebe.«

DIE ERLÖSERIN
-10-

- 10 -

DIE ERLÖSERIN

Dein Dasein erlangt seine Bedeutung durch das Leben der anderen. Unablässig bemühst du dich, anderen zu helfen: Die von dir bevorzugten Berufsfelder liegen häufig im therapeutischen, medizinischen oder ökologischen Bereich.

DEINE STÄRKE: Du hast die Fähigkeit, Berge zu versetzen, wenn es darum geht, anderen Menschen oder dem Planeten zu helfen.

Deine überbordende Energie erlaubt es dir, anderen zur Seite zu stehen und sie dazu zu motivieren, über sich selbst hinauszuwachsen.

Du setzt dich gern mit anderen für ein gemeinsames Ziel ein, du interessierst dich für humanitäre und gesundheitliche Belange und willst etwas bewegen.

Dich zeichnet ein ausgeprägtes Pflichtbewusstsein aus, und du weißt in deinem tiefsten Inneren, dass du dazu berufen bist, zu helfen und deinen Teil dazu beizutragen, um aus dieser Welt einen besseren Ort zu machen.

Deinen Halt im Leben findest du durch dein selbstloses Wesen und deine Sorge um das Wohl der Allgemeinheit.

DEINE SCHATTENSEITE: Du hilfst lieber anderen als dir selbst.

Diese Flucht nach vorn hindert dich daran, innezuhalten und eigene Wunden heilen zu lassen.

Dein Drang, die Welt zu retten, schließt dich mitunter im verhängnisvollen Dreieck von Gerettete-Verfolgerin-Opfer ein und nährt damit deine spirituelle Eitelkeit.

Versuche nicht, alle Menschen und den ganzen Planeten zu retten, konzentriere dich vielmehr auf den winzigen Teil, den du dazu beitragen kannst.

DAS GLEICHGEWICHT: Es ist an der Zeit, dich von der Erretterin zur Wegbegleiterin für dich selbst und andere zu wandeln, wobei du auf die Bedürfnisse und Erwartungen aller eingehen solltest, deine eigenen eingeschlossen.

DER IMPULS DES *QI*: Höre auf das, was du brauchst. Hilf anderen nur, wo es erwünscht ist. Mache einem jeden die Verantwortung für den eigenen Lebensweg bewusst. Das gilt auch für dich selbst.

DIE ALCHEMISTISCHE FORMEL: »Ich begleite jedes Wesen geduldig und mit offenem Ohr und fange damit bei meinem eigenen Menschsein an.«

DIE GLÄUBIGE
- II -

- 11 -

DIE GLÄUBIGE

Dein Leben dreht sich um den Aspekt als gläubige Frau. Du legst deinen Glauben in die Hände des Universums. Deine Gebete, Mantras oder Intentionen verweben sich mit den Mysterien des Lebens und gestalten so deinen spirituellen Alltag.

DEINE STÄRKE: Du überwindest alle Hürden mit Bravour, denn dein unerschütterlicher Glaube an die Hilfe des Universums erlaubt es dir, jedem Ereignis einen Sinn abzugewinnen.

Du versuchst nicht, dein Leben zu verstehen, denn dein Tagesablauf folgt einer Routine, die dich in einen Zustand der Gnade und der Betrachtung führt.

Du nimmst jeden Umstand als eine Etappe auf deinem Weg an, die dir aufgegeben ist, um daran zu wachsen und dem göttlichen Wesen in dir näherzukommen.

DEINE SCHATTENSEITE: Du tendierst dazu, alles in die Hände des großen Ganzen zu legen. Darüber vergisst du allerdings, dass du dein Schicksal und dein Leben selbst in die Hand nehmen musst, um deinen Lebensweg zu bestimmen.

Du allein entscheidest über dein Schicksal, nichts ist vorherbestimmt, denn die Zukunft ergibt sich aus der Gegenwart.

Das verlangt von dir, selbst für dein Leben einzustehen und dich nicht länger aus der Verantwortung für deine Irrtümer und falschen Entscheidungen zu ziehen, denn zunächst einmal bist du diese einzelne Frau und dann erst das »Ganze«.

DAS GLEICHGEWICHT: Lass dich von dieser leisen inneren Stimme leiten, die dich begleitet, und entscheide dich, ob du ihr folgen willst oder nicht. Jeder Schritt ist ein »Ja« deines freien Willens, den spirituellen Weg zu gehen und dem Universum zu erlauben, dir neue Möglichkeiten zu eröffnen. Das Universum zeigt dir den Weg auf, und dein Wille lässt dich Schritt für Schritt auf ihm vorankommen.

DER IMPULS DES *QI*: Stelle dein Handeln in den Dienst von konkreten Anliegen. Dieses Handeln wird zu Symbolen des Glaubens für andere.

DIE ALCHEMISTISCHE FORMEL: »Ich möchte, dass mein göttliches Lichtwesen meinem größten Lebensziel auf Erden dient.«

DIE FEINSINNIGE
-12-

- 12 -

DIE FEINSINNIGE

Du bist wie ein Versprechen für mehr Zartheit. Alles in deiner Umgebung ist mit großer Sorgfalt ausgewählt, von den Worten, die du verwendest, bis hin zu kleinen Aufmerksamkeiten.

DEINE STÄRKE: Höflich, freundlich und hilfsbereit – du bist ein bisschen wie eine Gräfin im Körper einer Göttin mit großem Fingerspitzengefühl.

Du verschönerst das Leben mit all den kleinen Heldentaten im Alltag: ein freundliches Wort, eine Geste, ein Lächeln, ein raffiniert gedeckter Tisch, ein schön in Szene gesetztes Kunstwerk. In gewisser Weise bist du eine Fee in Menschengestalt.

Du machst den Alltag gern leichter und schöner, denn für dich nährt genau das deine Sinnsuche.

Du kannst in der Rolle einer Gastgeberin ebenso aufgehen wie in der einer Künstlerin, denn dein Auge fürs Detail des Verschönerns zeigt sich auf ganz vielseitige Weise.

DEINE SCHATTENSEITE: Es fällt dir schwer, dein kostbares und feinsinniges Reich zu verlassen. Ungehobelte Menschen, Rüpelhaftigkeit, Lärm oder auch Menschenmengen: All das kann dich schnell überwältigen und aus der Bahn werfen. Du versuchst, alle Bereiche deines Lebens zu meistern, als wäre es eine Art Kunst, aber ist das Leben denn eine Kunst?

Stimmen andere nicht mit deinen gesellschaftlichen und ästhetischen Vorstellungen überein, so tendierst du dazu, sie abzuwerten.

DAS GLEICHGEWICHT: Will man sein Leben gleich einem Kunstwerk gestalten, verlangt das sowohl nach der nötigen Konzentration als auch nach dem Loslassen konkreter Zielvorstellungen. So sorgt das Leben für genug fantasievolle Abwechslung.

DER IMPULS DES *QI*: Schwelge in Fantasie und Verrücktheiten. Lass deiner Kreativität freien Lauf.

DIE ALCHEMISTISCHE FORMEL: »Mit Fingerspitzengefühl erwecke ich jeden Morgen in mir die zarte Absicht der Erneuerung.«

DIE UNERSÄTTLICHE
-13-

- 13 -
DIE UNERSÄTTLICHE

Du genießt das Leben in vollen Zügen. Du lebst deine Träume, ohne viel Zeit zu verlieren. Nie versiegt dein Verlangen, Neues zu entdecken, und du weißt, wie du neue Möglichkeiten ergreifen und für eine positive Umsetzung derselben sorgen kannst.

DEINE STÄRKE: Du verströmst eine unglaubliche Energie, mit der du dem Leben immer wieder unbekannte Seiten abgewinnst.

Der Drang nach Neuem treibt dich an und lässt dich jeden Augenblick als ein

Geschenk genießen, das dein Leben fortwährend bereichert.

Du bringst eine natürliche Neugier mit und interessierst dich für viele und ganz unterschiedliche Themen.

Dein Plus: deine Offenheit für die Welt und alles Neue.

DEINE SCHATTENSEITE: Du hast dich noch nicht der Leere gestellt.

Dein Verlangen, die Welt zu entdecken, benutzt du als Vorwand, um nicht in die Abgründe des Nichts zu blicken, wo sich das Leben mit dem Tod und dem Grauen vereint.

In deiner Kindheit hast du dich mit dem Mangel und der Angst vor dem Nichts konfrontiert gesehen, doch du warst nicht dafür gewappnet, ihm gefasst zu begegnen.

Also hast du mit der Zeit Schutzwälle errichtet, in Form von »Frustessen«, Alkohol, Drogen, exzessivem Sport oder Arbeitssucht.

DAS GLEICHGEWICHT: Innerhalb einer Dualität, in der alles miteinander verbunden ist, liegen der Tod und das Leben, ebenso wie die Leere und die Fülle, dicht beieinander. Ein jedes hat seinen Platz im Leben.

Du musst lernen, dass du genug Zeit hast, um das Leben zu entdecken, ohne das Gefühl zu haben, atemlos alles verschlingen zu müssen, aus Angst, du könntest sterben.

DER IMPULS DES *QI*: Entdecke die Stille, die Langeweile, die Langsamkeit, die Leere, die Einsamkeit und die Ängste. Besänftige die unbändige Kraft in dir. Suche eine therapeutische Hilfe auf, um zu lernen, die Vergänglichkeit und den Tod zu akzeptieren.

DIE ALCHEMISTISCHE FORMEL: »Ich ehre jeden Lebensfunken, ob er zu meiner Schatten- oder zu meiner Lichtseite gehört.«

DIE FLATTERHAFTE
-14-

- 14 -
DIE FLATTERHAFTE

Genau wie ein Vogel fliegst und flatterst du unablässig herum oder drehst dich mal nach links, mal nach rechts wie ein Wetterfähnchen. Du bist ein in unserer Gesellschaft weit verbreiteter Archetyp und hüpfst auf der Suche nach Neuem von Ast zu Ast.

DEINE STÄRKE: Du bist eine Frau, die gerne mitreden will. Ob im Job, in deinen intimen und freundschaftlichen Beziehungen oder auch im Internet: Du bist ständig überall unterwegs, um möglichst viele Informationen zu sammeln.

Du bringst unzählige Stunden damit zu,

dich mit einem neuen Thema zu befassen, um deinen Alltag zu bereichern.

Dein Pluspunkt ist diese Stärke, dich für vieles zu interessieren, mit verschiedenen Themen vertraut zu machen und dich in unterschiedlichsten Lebenssituationen zu versuchen.

DEINE SCHATTENSEITE: Du neigst dazu, von einer Sache zur nächsten zu springen, anstatt irgendwo zu verweilen. Sich auf Dauer ein solides Nest zu schaffen ist eine wahre Herausforderung für ein flatterhaftes Wesen wie dich. Wegen dieser Sprunghaftigkeit gehst du den Dingen und auch dir selbst nie wirklich auf den Grund.

Solange du die Themen nur streifst, dringst du niemals zum Kern der Sache vor, was dich immerzu nach Freiheit suchen lässt anstatt nach dem *Weg*.

Doch es ist der *Weg*, der dich zu deinem wahren Sein führt.

DAS GLEICHGEWICHT: Finde diese subtile Mischung aus aktivem Entdecken und passivem Beobachten dessen, was dich umgibt. Das hilft dir, dein Augenmerk nach innen zu richten, und führt dich ins Zentrum dieses stabilen Nests, das du brauchst, um von dort aus zu neuen Flügen anzusetzen.

DER IMPULS DES *QI*: Nimm dir Zeit. Durchlebe deine Erfahrungen voll und ganz. Bleibe neuen Möglichkeiten gegenüber offen.

DIE ALCHEMISTISCHE FORMEL: »Auf dem Weg zu neuen Zielen mache ich mir die Geduld zur Freundin.«

DIE FRAU, DIE SICH IHRER STÄRKE BEDIENT

Du bist auf der Suche nach dem Absoluten, nach dem Plan für die Welt und die Menschheit. In dir steckt eine wahre Naturgewalt, die es dir erlaubt, dich voller Hingabe und Entschlossenheit in die Abenteuer zu stürzen, die du erleben willst.

Die Unruhe treibt dich an, lässt dich deine Komfortzone verlassen und über dich selbst hinauswachsen.

DIE ERFINDUNGSREICHE
-15-

- 15 -

DIE ERFINDUNGSREICHE

Dir gelingt es, das Unerwartete zu bewerkstelligen, wenn es darum geht, gesellschaftliche Fronten zu verschieben. Wegen deiner ungewöhnlichen Ideen kannst du in den Augen der anderen ein wenig verrückt erscheinen.

DEINE STÄRKE: Du bist die Initiatorin der Veränderungen von morgen.

Dein Drang nach Erneuerung ist immens. Nichts erscheint dir unmöglich.

Vielmehr dient dir gerade das, was unmöglich erscheint, als Quelle der Motivation für deinen Neuerungswillen.

Du arbeitest womöglich in einem Sektor, in dem es um Innovation und Forschung geht.

Die Menschen lieben dich mit deiner etwas chaotischen Energie, weil du sie dazu inspirierst, über sich selbst hinauszuwachsen und an die verrücktesten Träume zu glauben, auch wenn die Wissenschaft oder der gesunde Menschenverstand dagegen spricht.

DEINE SCHATTENSEITE: Deine größte Herausforderung besteht darin, dich zu entscheiden, welchen Weg du wählen willst: den Weg des Gewissens oder den eines erfolgreichen Erwerbslebens mit seinem latenten inneren Konflikt.

Dieser Zwiespalt prägt deine innere Suche: entweder die Welt von morgen zu erfinden oder deinen persönlichen Interessen und der Welt des Kapitals zu dienen.

Immer schon hat dich dein Karma das Kollektiv zulasten des Menschentums wählen lassen. Jetzt ist der Moment gekommen, in eine andere Zeitlinie zu wechseln und die Vergangenheit durch Entscheidungen zu heilen, die dem Menschen dienen.

DAS GLEICHGEWICHT: Dich zu entscheiden heißt nicht, zwischen Gut und Böse zu wählen.

Dich zu entscheiden heißt, dir auf dem Pfad zu deinem Selbst deiner Verantwortung für deine persönliche Erfüllung und deine Freiheit als Mensch bewusst zu werden.

Wage es, mit deinem Herzen und deinem Gewissen zu entscheiden, und übernimm die Verantwortung für die Entscheidungen, die du triffst.

DER IMPULS DES *QI*: Notiere deine Ideen. Sei geduldig. Hinterfrage die Sinnhaftigkeit deines Projekts.

DIE ALCHEMISTISCHE FORMEL: »Ich möchte dem edelsten und lebendigsten Teil meines Wesens dienen.«

DIE ABENTEUERIN
-16-

- 16 -

DIE ABENTEURERIN

Dich dürstet es nach Entdeckungen, Herausforderungen, Begegnungen und Neuerungen.

Du suchst nach dem Gral dieses Lebens, nach der verborgenen Bedeutung von Geheimnissen, die deinem Leben einen Sinn verleihen.

DEINE STÄRKE: Dir macht so gut wie nichts Angst, denn dein Entdeckungsdrang ist größer als die Furcht vor dem, was auf dich zukommen könnte. Du konzentrierst dich auf ein Ziel und steuerst darauf zu. Nichts kann dich von deinem Kurs abbringen, schließlich stimmt er mit deinen Werten überein.

Dein Trumpf ist deine Vitalität, mit der es dir sehr leichtfällt, dich der Welt und der Natur zu öffnen.

Zeige den anderen den Weg, wie sie über sich selbst hinauswachsen und ihre Ängste, die oft nur eine Illusion sind, hinter sich lassen können.

DEINE SCHATTENSEITE: Du bist so zielstrebig und furchtlos, dass du darüber manchmal das eigentliche Motiv vergisst, das dich so hat werden lassen.

Angst vor dem Tod? Davor, das Leben nicht voll ausgekostet zu haben? Angst vor dem Stillstand, bei dem es nur noch um Stabilität und Sicherheit geht? Angst, in nichts anderem mehr Sinn zu finden als in der Aufregung angesichts des Unerwarteten?

Du tust dich schwer mit deinen Mitmenschen. Diese Hemmungen musst du überwinden, damit die kollektive Energie in das große verrückte Abenteuer des Lebens einfließen kann.

DAS GLEICHGEWICHT: Dieses Abenteuer kann ebenso in den eigenen vier Wänden stattfinden wie auf einer Reise in exotische Länder.

Du musst lernen, zwischen dem Einatmen und dem Ausatmen deines Lebens diesen Moment zu finden, in dem Zeit und Raum in der Schwebe sind und dem die Leere entstammt.

DER IMPULS DES QI: Nähre, was etwas in dir zum Schwingen bringt. Richte dich nach deinem Wesen aus.

DIE ALCHEMISTISCHE FORMEL: »Ich bin auf der Suche nach meinem inneren Wesen, um meine Erfahrungen im Außen besser genießen zu können.«

DIE ARGLOSE
-17-

- 17 -
DIE ARGLOSE

Die Unschuld deiner reinen Seele ruft Bewunderung hervor. Immer wieder erinnerst du dadurch an das göttliche Lichtwesen, das du ursprünglich warst.

DEINE STÄRKE: Deine größte Stärke besteht darin, zu leben, ohne dich infrage zu stellen. Du lebst und erkennst mit deinen Augen, empfindest mit deinem Körper die Schönheit dieser Erde und das Licht der Menschheit. Die Angst ist dir fremd, deine Unschuld behält stets die Oberhand.

Diese inwendige Qualität verleiht dir eine Form der Reinheit und bringt die Menschen, die dir begegnen, mit dem Teil des Göttlichen in sich in Berührung. Man könnte dich also mit dem Archetyp der Jungfrau Maria vergleichen.

Deshalb hinterfragst du auch nicht, was man dir sagt, denn du hast beschlossen, dir den Glauben daran zu bewahren, dass jedem Menschen die Wahrheit innewohnt.

DEINE SCHATTENSEITE: Womöglich hindert deine Unschuld dich daran, die Schattenseiten dieser Menschheit zu sehen, was dich verletzbar macht und durch dein grenzenloses Vertrauen gar in Gefahr bringen kann.

Menschen, die in einer Frau nach dieser Reinheit suchen, könnten deine Arglosigkeit ausnutzen wollen, um von deinem Leuchten zu profitieren.

Wurdest du erst einmal verletzt, wirst du nur schwer zu dieser Unschuld zurückfinden, die dich an ein Eden in anderen Dimensionen erinnert.

DAS GLEICHGEWICHT: Schenke der Welt weiterhin deinen schönen Blick, doch rufe ihr auch in Erinnerung, dass sich das Eden bereits hier auf Erden finden lässt.

Denke auch daran, dass nicht alle Menschen das Leben einzig durch eine wohlmeinende Brille betrachten.

DER IMPULS DES *QI*: Erschaffe dir einen Schutzschild. Wirf einen Blick hinter das Licht und die äußere Erscheinung der Menschen.

DIE ALCHEMISTISCHE FORMEL: »Meiner Unschuld wohnt eine [illegible] [illegible], die ich den Menschen jederzeit, aber nicht wahllos zeigen soll.«

DIE ZURÜCKGEZOGENE
-18-

- 18 -
DIE ZURÜCKGEZOGENE

Du ziehst dich gern zurück, denn die Stille ist eine Freundin, die dich vieles zu lehren hat. Dank deiner Fähigkeit, dein Schicksal in die eigenen Hände zu nehmen, bist allein du selbst für dein Glück verantwortlich.

DEINE STÄRKE: Du gehst deinen Weg gleich einer Einsiedlerin und achtest auf die kleinen Dinge des Lebens: die Stille, das Rauschen des Windes, die Schritte eines Tieres, den Flügelschlag eines Vogels ... Du besinnst dich auf das Wesentliche und hörst auf diese leise Stimme der Intuition, zu der du mühelosen Zugang hast.

Der Pfad der Stille in den tiefen Wahrheiten des heiligen Weiblichen ist dein Pfad, um von den Göttinnen und den Archetypen zu lernen.

Zeige unserer lauten Welt, wie wertvoll diese Stille ist, und lass in dem, was du tust, sagst und schreibst, allein den Laut des Lebendigen vernehmen.

DEINE SCHATTENSEITE: Aus deiner Einsamkeit kann Vereinsamung werden, bis du schließlich unfähig bist, dich anderen gegenüber zu öffnen. Diese Zurückgezogenheit dient dir manchmal als Ausrede, um dich der Menschenwelt mit ihren vielen unterschiedlichen Stimmen zu entziehen.

Es ist die Angst vor der Enttäuschung, die dich bisweilen daran hindert, dich zu öffnen.

Mitunter redest du dir ein, dass dir das nichts ausmacht, doch ein Teil von dir würde gern Kontakt zu Gleichgesinnten haben und die Verbundenheit mit ihnen spüren.

Verweilst du zu lange in dieser Einsamkeit, dann läufst du Gefahr, dich abzukapseln, und das könnte verhängnisvoll sein.

DAS GLEICHGEWICHT: Finde in dir die Kraft, dich ab und zu auf spontane Zusammenkünfte einzulassen, um in einer Atmosphäre des Wohlwollens die Erfahrung einer gemeinsam erlebten Stille zu machen und die Freuden des Teilens und der Schwesternschaft zu entdecken.

Du belastest dich im Leben nicht mit Überflüssigem und erschaffst dir selbst ein Leben ohne Abhängigkeit.

DER IMPULS DES *QI*: Wage es, Beziehungen einzugehen. Triff dich mit anderen Frauen. Gehe aus.

DIE ALCHEMISTISCHE FORMEL: »Allein lausche ich den kaum vernehmlichen Geräuschen des Lebens; im Zusammensein mit anderen teile ich meine Gabe des Zuhörens.«

DIE SUCHENDE
-19-

- 19 -

DIE SUCHENDE

Deine Suche ist eine Sinnsuche in Sachen Menschlichkeit. Sie kann dich in viele unterschiedliche Lebensbereiche führen, und du bist bereit, dich darauf einzulassen.

DEINE STÄRKE: Du machst dich auf die Suche nach Informationen. Dafür stöberst, durchforstest und vergleichst du, bist mit Leib und Seele bei der Sache, um zu entdecken und zu verstehen.

Du bist von einem unersättlichen Forschungsdrang beseelt und setzt dich dafür ein, die Welt für neue Visionen bereit zu machen.

Sehr wahrscheinlich führt dich dein Weg zu Berufen im Bereich der Wissenschaften, doch dein Talent kann durchaus auch in unkonventionellen Sektoren zum Einsatz kommen.

DEINE SCHATTENSEITE: Deine Suche kann mitunter zur Sucht werden.

Es fällt dir schwer, deinen Erkenntnisdrang zu zügeln, selbst wenn er in jeglicher Hinsicht zulasten deiner Person geht.

Außerdem läufst du Gefahr, dich mit deiner Wahrnehmung der Dinge in einer Denkweise zu verfangen, in der es keinen Platz für andere Wahrheiten gibt. Du solltest jedoch nicht vergessen, dass es keine alleingültige Wahrheit gibt und dass alles stets aufs Neue infrage gestellt werden kann.

Achte darauf, dass du auf dieser endlosen Suche nicht deine Ideale aus den Augen verlierst.

DAS GLEICHGEWICHT: Du musst lernen, hin und wieder innezuhalten, um den nötigen Abstand zu gewinnen und zu einem unabhängigen Urteil zu kommen, mit dem du deine Sache voranbringst.

Tausche dich dazu mit Menschen aus, die deine Meinungen und Ideen nicht teilen.

DER IMPULS DES *QI*: Bleibe mit Leidenschaft, Herz und Entschlossenheit bei der Sache. Schaffe Raum für deine leise innere Stimme und für die Weisheit.

DIE ALCHEMISTISCHE FORMEL: »Meine Suche gilt einem menschlichen Wissen, das mir erlaubt, die Erde zu ehren.«

DIE PRINZESSIN
-20-

- 20 -
DIE PRINZESSIN

Du bist keine Ikone, keine Statue, die für die fleischgewordene Perfektion steht. Du bist eine Frau, die in ihrer ganzen göttlichen Kraft mit dem universellen Bewusstsein verbunden ist.

DEINE STÄRKE: Du hast viele karmische Existenzen durchlaufen und unzählige Erfahrungen gemacht, ehe du hier auf diese Erde gekommen bist. Nun sollst du die Gelegenheit ergreifen und den Pfad der Veränderung verkörpern, ohne dabei deine hohe Schwingung außer Acht zu lassen. Denn du zeugst von einem harmonischeren Leben, nicht durch dein Reden, sondern durch dein beispielhaftes Tun.

Doch wenn du sprichst, sind deine Worte von unschätzbarem Wert, und die anderen hören dir zu, weil sie diese Worte ehren, die zwischen Himmel und Erde ausgespannt sind.

DEINE SCHATTENSEITE: Denke daran, dass du ein Vorbild für andere bist.

Lasse dein Ego hinter dir, das dich glauben machen könnte, du stündest über den anderen, wärst besser als sie, oder das dich dazu ermutigen könnte, über andere bestimmen zu wollen.

Denke daran, dass du trotz dieser göttlichen Schwingung ein menschliches Wesen bleibst. Übe dich in Bescheidenheit!

Zudem gilt es, deine früheren Leben zu heilen, in deren Verlauf deine Gaben als Priesterin und dein Einfluss, den du auf andere hast, noch nicht ausgereift waren.

DAS GLEICHGEWICHT: Zeige dich bescheiden und folge dem Pfad des göttlichen, leuchtenden Wesens, das du bist. Erweise dich als Vorbild, damit alle, die auf dich schauen, das eigene Bewusstsein erfahren können. Du bist ein Mensch weniger Worte, denn dein Wissen stammt unmittelbar von der universellen Weisheit, ohne von dir in eine bequeme Wahrheit verwandelt zu werden.

DER IMPULS DES *QI*: Nimm deinen Weg an, ohne einen Durchbruch oder eine Transformation erzwingen zu wollen. Durch dein Beispiel wirst du zur Botin.

DIE ALCHEMISTISCHE FORMEL: »Das Göttliche, das mir innewohnt, soll eine Quelle des Lichts für all jene sein, die das universelle Bewusstsein erfahren wollen.«

DIE ALCHEMISTIN
- 21 -

- 21 -
DIE ALCHEMISTIN

Du bist eine geheimnisvolle Frau voller Symbolkraft, die von der Magie vergangener Zeiten genährt wird. Du sorgst für den esoterischen Aspekt in unserem Leben. Wünschelrutengängerin, Hexe, Schamanin, Heilerin: Du bist eine Druidin, die dem Ruf der Geheimnisse folgt.

DEINE STÄRKE: Mit deiner Persönlichkeit passt du in keine der üblichen Kategorien, denn sie ist ganz darauf ausgerichtet, den alten, in vielen gesellschaftlichen Konventionen verborgenen Rätseln nachzuspüren.

Enthülle für jene, die das wollen, die

undurchdringlichen Pfade der alten Rätsel, und biete sie jenen, die den Ruf danach vernehmen, in aller Bescheidenheit dar.

Du weißt mit Orakeln, Pflanzen, Geistern, Elementen, Schwingungen, Quantenheilung und sexueller Energie umzugehen, weil du mit alldem in deinen früheren Leben experimentiert hast.

DEINE SCHATTENSEITE: Manchmal verlierst du dich in den anderen Dimensionen, und dann fällt es dir schwer, dieses kollektive Erbe in einer dreidimensionalen, auf Materialismus beruhenden Welt zu leben.

Dir widerstrebt es, dein Wissen mit zu vielen Menschen zu teilen, aus Angst, es könnte falsch interpretiert oder angewandt werden.

Dieses Leben verlangt von dir, einen Weg zu wählen und dich zu entscheiden, welche deiner Gaben du in dieser Inkarnation einsetzen willst, um dich nicht im Vielerlei zu verlieren.

DAS GLEICHGEWICHT: Öffne dein Herz und lass andere an deinen Gaben teilhaben. Unsere Welt hat keine Zeit mehr zu verlieren, alles ist bereits im Gange. Biete allen, die dich darum bitten, deine alchemistischen Fähigkeiten an und halte nichts davon zurück, denn sie sind dir nur geliehen.

DER IMPULS DES *QI*: Sprich über alle existierenden Welten. Offenbare dich, indem du wagst, das Wort zu ergreifen. Teile deine Gaben.

DIE ALCHEMISTISCHE FORMEL: »Es ist an der Zeit, dass ich durch die Gaben [illegible] Herzens und im Vertrauen auf mein Schicksal die Mysterien enthülle.«

DIE FRAU, DIE SICH IHRER INTUITION BEDIENT

Die Intuition wird für viele Frauen zu einem Quell der Sorge, denn sie führt in Sphären, die sich nicht kontrollieren lassen. Die Intuition ist der Pfad des Loslassens, um sich mit dem, was wir an Göttlichem in uns tragen, zu verbinden und die Dimensionen für andere energetische Portale dieses Planeten zu öffnen.

DIE WEISE
- 22 -

- 22 -

DIE WEISE

Schöpfe aus deiner Erfahrung, denn jedes deiner Worte ist wie ein Schatz, den es weiterzureichen gilt. Auch wenn du noch jung bist, besitzt du die Reife von Frauen, in deren Falten und grauem Haar die ganze Anmut einer Frau zum Ausdruck kommt, die schon viel gesehen und erfahren hat.

DEINE STÄRKE: Du kennst das Leben. Du hast die Zeiten überdauert, Stürme und Sonnenschein, ob in diesem oder einem früheren Leben. Du musst niemandem mehr etwas beweisen, weder dem Leben selbst noch anderen.

Gelassen beobachtest du den Gang der Welt und lächelst den jungen Menschen zu, die die ersten Schritte im Leben tun. Mit dem, was du anderen sagst und rätst, lädst du sie dazu ein, die Antwort in sich selbst zu finden.

Es werden immer mehr Mädchen geboren, die sich zu weisen Frauen entwickeln und schon in jungen Jahren anderen den Weg zu weisen wissen.

DEINE SCHATTENSEITE: Unsere Gesellschaft verleugnet erfahrene, weise Frauen wie dich. Dabei hast du so vieles, woran du andere teilhaben lassen kannst.

Diese Haltung kann dich lähmen oder vergessen lassen, dass deine Mission darin besteht, dein Erlebtes zu vermitteln und den Jüngeren ein Vorbild zu sein.

Deine Weisheit gibt dir manchmal das Gefühl, besonders wichtig zu sein, aber vergiss nicht, bescheiden zu bleiben und dich einfach nur als eine Frau zu betrachten, die über etwas mehr Wissen verfügt. Das macht dich noch nicht zu einem höheren Wesen.

DAS GLEICHGEWICHT: Du neigst dazu, dich abzukapseln. Lerne, mit den verschiedenen Facetten des Lebens zu jonglieren und in jedem Menschen das Abbild seines werdenden Menschenseins zu erkennen.

Lebe nicht immer in der Erwartung, dass die anderen auf dich zukommen müssen, traue dich, auch auf sie zuzugehen.

DER IMPULS DES *QI*: Ergreife den heiligen Stab des zeitlosen Wortes für diese im Werden begriffene Menschheit. Lass dir von den Jüngeren helfen.

DIE ALCHEMISTISCHE FORMEL: »Meine Weisheit ist eine göttliche Gabe, die einzig dazu dient, den Weg zu weisen, indem ich dieses unsterblichen Teils in jeder unserer Zellen gläubig gewahr werde.«

DIE MONDFRAU
-23-

- 23 -
DIE MONDFRAU

Du repräsentierst den Archetyp des Lebenszyklus und ehrst diese Zeitlichkeit, die sich harmonisch entfaltet. Du lebst nicht, um dein Licht zu verströmen, sondern um das Leben und die Jahreszeiten zu ehren.

DEINE STÄRKE: Du stehst in Verbindung mit dem Mondzyklus und den anderen Zyklen des Lebens: Menstruation, Jahreszeiten, Tagundnachtgleiche und Sonnenwenden sowie Übergangs- und Erweckungsmomente.

Du repräsentierst und ehrst die Harmonie und Verbundenheit zwischen den Menschen und den Kreisläufen des Lebens.

Rituale spielen eine wichtige Rolle für dich, und durch deine feine Wahrnehmung dieser Schwingung, die untrennbar mit dem Wandel verbunden ist, obliegt es dir, für Harmonie zu sorgen.

Denke daran, dass du eine Hexe warst und die Hexensabbate mit Hingabe und Freude gefeiert hast.

DEINE SCHATTENSEITE: Bei aller Bewusstheit versäumst auch du manchmal, einen in Vergessenheit geratenen Zyklus zu respektieren.

Es fehlt dir an Flexibilität, weil du in Zyklen leben willst, die fast schon zu perfekt sind.

Vermutlich hast du selbst in anderen Leben Zyklen übergangen; daher jetzt diese Reinkarnation, um die Welt in Rituale einzuweihen und ihr vom Gleichgewicht der Kreisläufe zu erzählen.

Als Eingeweihte bist du eine Frau, die in mühelosem Austausch mit den Zyklen des

Lebens steht, aber gib dich nicht herablassend gegenüber anderen Frauen, denen dieser leichte Zugang fehlt.

DAS GLEICHGEWICHT: Wende dich an deine Sonnenfrau, um das zu erforschen, was sich nicht in deinen Lebenszyklus einfügt. So wirst du in andere Sphären der Weiblichkeit vordringen.

DER IMPULS DES *QI*: Lebe die Zyklen in deinem Inneren. Lass andere teilhaben, damit ihr gemeinsam in der Veränderung aufblühen könnt.

DIE ALCHEMISTISCHE FORMEL: »Ich folge den Zyklen des Lebens, während ich mich gleichzeitig auf andere zubewege und sie auf ihrem Weg begleite.«

DIE VERLETZLICHE
-24-

\- 24 -

DIE VERLETZLICHE

Im Gegensatz zur Zurückgezogenen lebst du im Gefühl der Ungerechtigkeit oder der Kränkung, bis du bereit bist, diesen Zustand zu transformieren. Dann begibst du dich auf den Weg des Überflusses und der Liebe.

DEINE STÄRKE: Die Verletzlichkeit ist deine große Stärke.

Der Schmerz des Verlassenseins verwandelt sich in deinen Lebensweg, der heißt: den Überfluss genießen.

Lass das Ego hinter dir, die materielle, auf drei Dimensionen beruhende Welt und die Erwartungen an andere. Lass auf deinem

Weg auch die Überzeugungen und Gewissheiten hinter dir.

Die Verletzlichkeit hilft dir, jede Erfahrung unvoreingenommen und in einem Zustand tiefen Vertrauens und tiefer Zuversicht zu empfangen.

DEINE SCHATTENSEITE: Zu Beginn deiner Menschwerdung empfindest du diese Einsamkeit häufig als Schmerz des Verlassenseins. Dann fühlst du dich allein, abgewiesen, ungeliebt und abgeschnitten von den anderen.

Die Gesellschaft hilft nicht, diese Verletzlichkeit anzunehmen, weshalb du dazu neigst, in der Selbstverwirklichung und/oder der Religion das zu suchen, was dir dabei hilft, deine Schatten und negativen Gefühle loszuwerden.

Deine Gefühle und deine Zerbrechlichkeit abzulehnen heißt aber, dich für übermenschlich, für eine Göttin in Menschengestalt zu halten.

DAS GLEICHGEWICHT: Sowie du die Kraft findest, den Schmerz des Verlassenseins hinter dir zu lassen, begibst du dich auf den Pfad der Weisheit, auf dem nicht länger die Verletzung, sondern der Glaube die Richtung weist. Auf diesem Weg hat die heilige Frau ihren Platz in dieser Welt.

DER IMPULS DES *QI*: Verwandle deinen Verlassenheitsschmerz. Öffne dich dem Göttlichen.

DIE ALCHEMISTISCHE FORMEL: »Beruhigt und voller Vertrauen überlasse ich mich den himmlischen und irdischen Mächten.«

DIE EREMITIN
- 25 -

- 25 -
DIE EREMITIN

Du liebst die Abgeschiedenheit und die Verbindung zu den Elementen. Die Natur nährt dich und weist dir den Weg zu einem beschaulichen Leben. Du überlässt dich der Innenschau, indem du das Außen durch dein inneres Auge betrachtest.

DEINE STÄRKE: Du versteht es, dich der Leere, dem Nichts, der Stille, der Einsamkeit und dem Tod zu stellen, weil du weißt, dass all das ebenso sehr Teil des Lebens ist wie das Licht.

Du musst niemandem etwas beweisen, und die Gesellschaft braucht dir nicht zu sagen, wohin dein Weg führen soll. Die anderen sind nur ein Teil des Lebens. Du bist ungebunden genug, brauchst niemanden, der dir folgt.

Dieses Freisein von Bedürftigkeit hilft dir dabei, jeder Situation zu begegnen.

DEINE SCHATTENSEITE: Du genießt es, deine Zeit allein zu verbringen. Achte aber darauf, dich nicht in einer einsamen Suche zu verlieren.

Es ist ein Unterschied, ob du das Alleinsein genießt oder das Leben einer Einzelgängerin führst, denn der Mensch ist dafür geschaffen, die menschliche Erfahrung mit seinen Schwestern und Brüdern zu teilen.

Wenn du nichts für dich erstrebst, weist du die Fülle zurück, die ebenso sehr Teil des Lebens ist, und das gilt nicht nur für die Fülle der Natur, sondern auch für jede Bereicherung in menschlicher und auch materieller Hinsicht!

DAS GLEICHGEWICHT: Du hast die Fähigkeit, der Außenwelt in deinem Inneren gewahr zu werden. Dennoch darfst du nicht vergessen, in der Außenwelt das zu leben, was du im Inneren erblickst.

Verlasse häufiger dein Zuhause in der Absicht zu lernen.

DER IMPULS DES *QI*: Lass dich von Menschen, die dir nahestehen, aus deiner Höhle herausholen. Öffne dich der Außenwelt.

DIE ALCHEMISTISCHE FORMEL: »Meine inneren Visionen helfen mir, mich auf die Außenwelt hin zu orientieren.«

DIE BEDÄCHTIGE
- 26 -

- 26 -
DIE BEDÄCHTIGE

Du erkennst diesen Moment an, in dem das Leben sich die Zeit nimmt, dir seine Lehren zu vermitteln. Du lebst im Rhythmus des Weiblichen, jenseits von gesellschaftlichem Druck.

DEINE STÄRKE: Du lässt dich nicht von einer Gesellschaft anstecken, die es zu eilig hat. Du weißt, dass die Zeit eine Verbündete ist.

Deine Fähigkeit, dich gegen Stress, Druck und Aufregung abzuschirmen, ist ein wahrer Segen auf dieser Erde. Du lebst dein Leben, als würdest du auf einem langen ruhigen

Fluss dahingleiten. Du überlässt dich diesem sanften Wellenschlag und zeigst dadurch, wie ein Leben ohne Unstimmigkeiten und Reibereien möglich ist.

Mit der Ruhe, die du verströmst, zeigst du den Menschen auf, wie sehr sie durch ihr eigenes Leben hetzen. Du bist ein Spiegel, der auf wunderbare Weise sichtbar macht, wie sich der weibliche Pol im Alltag leben lässt.

DEINE SCHATTENSEITE: Du magst es nicht, wenn man dich hetzt oder zu etwas drängt.

Du meidest lärmende und sprunghafte Menschen ebenso wie Menschenmassen. Doch all das gehört zum »Yang« deines Menschseins, dem du dich ab und zu überlassen musst, um nicht alles in einem weiblichen Rhythmus zu betrachten.

Es kann leicht passieren, dass du in der westlichen Kultur auf Ablehnung stößt, da du dich im Gegensatz zu der auf Wachstum ausgelegten Gesellschaft positionierst.

DAS GLEICHGEWICHT: Um im Leben voranzukommen, ist mitunter durchaus ein höheres Tempo vonnöten. Allerdings werden die meisten Gesellschaften ohnehin ein beschaulicheres Tempo einschlagen müssen, und du kannst schon hier und jetzt eine andere Vision eines entschleunigten Alltags vermitteln.

DER IMPULS DES *QI*: Versuche nicht, dich zu ändern. Höre auf deine innere Stimme. Und tritt dir selbst ab und zu ganz sanft in den Hintern.

DIE ALCHEMISTISCHE FORMEL: »Ich bemühe mich darum, mich meinen eigenen zeitlichen Rhythmen des Yin und Yang anzupassen.«

DIE FLÜSTERNDE
- 27 -

- 27 -
DIE FLÜSTERNDE

Du sprichst, wie du atmest: voller Sanftheit. Deine Worte lassen sich geräuschlos nieder, um all das Unausgesprochene der Menschen und der Gesellschaft besser im Körper spürbar zu machen.

DEINE STÄRKE: Du hauchst gern ein paar Worte, ein jedes wohl erwogen, damit seine Energie zur Erneuerung anregt.

Deine Worte sind Heilung und Balsam für jene, deren Kehlchakra gestört ist.

Du bist eng verbunden mit deinen Sinnen und entwickelst deine Intuition und Zartheit, um dich durch leise Töne mitzuteilen.

Du wirst zur Heilerin durch deine Stimme, die umso vernehmlicher wird, je mehr du an Selbstbewusstsein gewinnst.

DEINE SCHATTENSEITE: Du bist die weibliche Version des kleinen Däumlings. Auf deinem Weg streust du unscheinbare Worte aus, die zu großen Veränderungen führen.

Doch du wartest darauf, dass man dich holt, weshalb du manchmal das Gefühl hast, nicht hilfreich genug zu sein oder nicht im Einklang mit der Realität.

Du verharrst in deinem geheimen Versteck, um nicht zu viel Lärm zu machen, aber Flüstern ist nun einmal leicht zu überhören.

DAS GLEICHGEWICHT: Schenke dein Flüstern all jenen, die in Dankbarkeit für deine Gaben zu dir kommen, und nütze es als einen Heilungsweg für alle, die des wiegenden Klangs einer sanften Stimme bedürfen.

DER IMPULS DES *QI*: Lass die anderen ihr eigenes Flüstern entdecken. Lass jeden Moment durch Töne und Worte entstehen.

DIE ALCHEMISTISCHE FORMEL: »Ich bin die Flüsterin, die der Menschheit die vom Universum bereitgestellten Worte zuraunt.«

DIE ÜBERIRDISCHE
- 28 -

- 28 -
DIE ÜBERIRDISCHE

Du verbringst deine Zeit damit, deine Verbindung zum Himmel, deinen Führungswesen und den anderen für uns unentbehrlichen und lebensnotwendigen Wesenheiten aufrechtzuerhalten.

DEINE STÄRKE: Schon von klein auf bist du mit deiner Intuition verbunden. Du siehst und hörst bereits, was die anderen noch nicht verstehen können. Du lebst in einer anderen Welt, in der die universelle Energie den Mittelpunkt deines Gedanken- und Lebenssystems darstellt.

Du stehst abseits, versuchst aber nicht,

etwas zu kopieren, weil du schon von klein auf der Überzeugung bist, etwas Besonderes zu sein. Du spielst eine strahlende Rolle auf dieser im Wandel begriffenen Welt.

Du besitzt alle Fähigkeiten, die ein Medium braucht: Hellsicht, Hellhörigkeit, Visionskraft, hohes Empfindungsvermögen, sechster Sinn.

DEINE SCHATTENSEITE: Du hast vergessen, dass du auf diese Welt gekommen bist, um ihrem Wandel zu dienen.

Gehe deinen täglichen Aufgaben nach, um dich an diese Wahl der Inkarnation zu erinnern, denn aus Langeweile neigst du dazu, dich allein den jenseitigen Welten zuzuwenden.

Durch deine starke Verbindung zum Kronenchakra vernachlässigst du mitunter die beiden ersten Chakras, insbesondere das Sexualchakra.

DAS GLEICHGEWICHT: Akzeptiere diesen mysteriösen und göttlichen Teil in dir. Entwickle deine beiden ersten Chakras über den Körper und die Sexualität und zeige Interesse an anderen Menschen. Das wird deine Schwingung für die menschliche Vollkommenheit öffnen, in der jeder Mensch einen gleich wichtigen Raum einnimmt.

DER IMPULS DES *QI*: Führe dich an die heilige Sexualität heran. Verbinde dich mit dem Archetyp von Lilith. Entdecke den Körper durch den freien Tanz und die Bewegung.

DIE ALCHEMISTISCHE FORMEL: »Verwurzelt in meinem Beckenraum öffne ich den himmlischen Weg für andere.«

DIE FRAU, DIE SICH IHRER MASKULINEN SEITE BEDIENT

Du bist es gewohnt, im Rampenlicht zu stehen, diejenige zu sein, die man um Rat fragt. Du handelst ganz unkompliziert, lässt deine Ängste hinter dir, um an einer besseren Welt mitzuwirken. Du kannst mithelfen, die Welt von Grund auf zu verändern, denn du bist ein Arbeitstier. Du gehörst zu denen, die die Welt von morgen erbauen, so fleißig wie eine Ameise.

DIE UNABHÄNGIGE
- 29 -

- 29 -
DIE UNABHÄNGIGE

Du gehst durchs Leben, ohne dich zu rechtfertigen oder die Gründe für dein Handeln zu erläutern. In deinem Tun spiegeln sich dein Pflichtgefühl und deine grundlegenden Werte wider.

DEINE STÄRKE: Die meiste Zeit über nimmt man dich gar nicht wahr, denn du möchtest dein Abenteuer leben, ohne dabei großes Aufsehen zu erregen. So agierst du häufig im Verborgenen und arbeitest ohne viel Aufhebens daran, deine Träume zu verwirklichen, und ohne dich dabei zu sehr von anderen beeinträchtigen zu lassen.

Deine Unabhängigkeit kann auch den Weg zur Loslösung von anderen aufzeigen, wenn deine Wunden verheilt sind und du das Leben als das annimmst, was es ist.

DEINE SCHATTENSEITE: Du interessierst dich in erster Linie für dich selbst, worin sich eine Form von Egoismus bekundet, der darauf abzielt, in Ruhe gelassen zu werden.

Vielleicht hast du nur wenig Mitgefühl oder Verlangen, die anderen zu verstehen. Das zeigt sich manchmal auch in einem gewissen Mangel an Flexibilität in deinem Körper und deinen Gedanken.

Du strebst einzig danach, deine eigenen Ziele zu erreichen. Doch passen diese auch zum Rest der Welt, und dienen sie außer deinen eigenen Interessen auch denen der Allgemeinheit?

DAS GLEICHGEWICHT: Sollen deine Träume Teil einer kollektiven Energie werden, die dann auch deinem Leben mehr Kraft verleiht, musst du erst lernen, der Welt und deinem eigenen Verlangen zuzuhören. Nur so kannst du herausfinden, ob du eine Pionierin bist, deiner Zeit voraus, oder ob du einfach nur neben dem irdischen Zeitstrahl wandelst.

DER IMPULS DES *QI*: Hör auf die Träume der Menschen um dich herum. Sei geduldig. Arbeite an deiner körperlichen Biegsamkeit.

DIE ALCHEMISTISCHE FORMEL: »Ich arbeite voller Überzeugung weiter an der Verwirklichung meiner Träume, erlaube aber der Weisheit, mir auch andere Sichtweisen zu eröffnen.«

DIE CHARMEURIN
- 30 -

-30-

DIE CHARMEURIN

Gekonnt setzt du deinen Charme ein, um anzulocken, wonach es dich verlangt. Das ist dir keineswegs unangenehm, vielleicht findest du es sogar ganz amüsant, alle, die dir ins Netz gehen, spielend um den Finger wickeln zu können.

DEINE STÄRKE: Du weißt, wie du deine Ziele erreichst.

Schon von klein auf hast du diese nonverbale Sprache erlernt, die sehr viel kraftvoller ist als die verbale Kommunikation, weil sie an das Unterbewusste appelliert.

Daher bist du nur selten enttäuscht oder

frustriert, was das Erreichen deiner Ziele betrifft, denn du hast verstanden, wie andere dir von Nutzen oder eine wertvolle Hilfe für dein Vorankommen sein können.

Du verstehst es, auf deine Art um Hilfe zu bitten und in deiner Bedürftigkeit die Hand auszustrecken.

DEINE SCHATTENSEITE: Allerdings kann dein Charme auch zu einem Mittel der Manipulation werden. Setzt du den Charme als Instrument der Macht ein, um dein gekränktes Ego zu füttern, dann machst du dir am Ende nur selbst etwas vor, indem du deinen Missbrauch anderer vor dir selbst entschuldigst.

Dann wird dein Charme zu einem bösen Zauber, bei dem es allein darum geht, dich anderer Menschen zu bedienen.

Andererseits verleiht dir dein Charme eine gewisse Leichtigkeit, die dich davor bewahrt, in den Abgründen des Weiblichen und deiner Schatten zu versinken.

DAS GLEICHGEWICHT: Trage den Schutzwall um dein Ego und deine emotionalen Verletzungen ab, und benutze deinen Charme, um deine Wahrheit voller Schönheit und Menschlichkeit darzulegen. So wird dein Charme zu einem sehr viel authentischeren Ausdruck deines wahren Wesens.

DER IMPULS DES *QI*: Heile deine Verletzungen aus der Kindheit. Lerne, deinen Wert anzuerkennen. Setze deinen Charme gewissenhaft ein.

DIE ALCHEMISTISCHE FORMEL: »Ich nutze meinen Charme gleich einer musischen Gabe für mein eigenes Leben.«

DIE UNBÄNDIGE
- 31 -

- 31 -
DIE UNBÄNDIGE

Deine Freiheit hat für dich einen hohen Stellenwert, und sie führt dich zu immer ferneren, freieren Horizonten. Reisen und Unternehmungslust spielen in deinem Leben eine überaus wichtige Rolle.

DEINE STÄRKE: Du kannst dich mit keiner Gesellschaft abfinden, in der alles darauf angelegt ist, dich einzusperren. Vielmehr weißt du diese archaische Kraft in dir zu nutzen, um jeglichem Eingesperrtsein zu entfliehen.

Diese wilde Seite erlaubt dir große Sprünge zu unbekannten Horizonten und lässt dich schneller vorankommen als die meisten deiner Schwestern.

Du bist mit der Natur verbunden, weißt sie zu ehren und zu respektieren, denn dir ist bewusst, dass du selbst Teil dieser Natur bist.

DEINE SCHATTENSEITE: Du willst gern glauben, dass die Freiheit keinerlei Einschränkung benötigt. Du hast dich entschieden, zu einer Zeit Mensch zu werden, in der alles der menschlichen Kontrolle unterliegt. Darum musst du auch lernen, für deine Entscheidungen einzustehen und den Pfad der Verantwortung für dich selbst und für diese Erde der Göttin Gaia zu beschreiten.

Der Pfad der unbändigen Frau kann nur der Pfad der Freiheit sein.

Vielleicht hast du einen Hang zur Selbstironie, als wolltest du dich so von deiner heiligen Natur distanzieren und dich in einem Akt der Eigensabotage davon abhalten, den rechten Pfad einzuschlagen?

DAS GLEICHGEWICHT: Finde heraus, wie es sich für dich anfühlt, dich an einem anderen Wertesystem als dem der Freiheit zu orientieren: eine Immobilie erwerben, heiraten, Kinder bekommen, eine feste Arbeitsstelle annehmen, einen Vertrag unterschreiben. Mache dir bewusst, dass solche Verpflichtungen nicht zwangsläufig zum vollständigen Verlust der Freiheit führen.

DER IMPULS DES *QI*: Engagiere dich in einem Bereich, der dich interessiert. Versuche nicht länger, vor der Realität des Hier und Jetzt wegzulaufen.

DIE ALCHEMISTISCHE FORMEL: »Wenn der Wolf in mir heult, um sich von seinen Ketten zu befreien, bewege ich mich bewusst auf mein freies, selbst gewähltes Leben zu.«

DIE UNVERFRORENE
- 32 -

- 32 -

DIE UNVERFRORENE

Du benötigst sehr viele innere Absicherungen, um deinen Weg im Leben zu gehen. Darum hast du dir die Rüstung einer Draufgängerin zugelegt, die vor nichts haltmacht, auch wenn dir gewisse Situationen Angst einjagen. »Lieber anecken als klein beigeben«, lautet deine Devise.

DEINE STÄRKE: Du ergreifst gern die Initiative. So bist du die Erste, die entdeckt, kennenlernt, ausprobiert. Diese Einstellung hilft dir häufig dabei, unbefangen mit dem zu experimentieren, was das Leben für dich bereithält, und dich nicht von fremden

Meinungen beirren zu lassen. Nach außen hin wirkst du wie eine Frau, die Wagnisse eingeht und kein Blatt vor den Mund nimmt.

Mit deiner freimütigen Art kannst du Konzepte und Überzeugungen ins Wanken bringen, denn das Leben ist für dich ein Spiel, und du bist davon überzeugt, dass nichts wirklich wichtig ist.

DEINE SCHATTENSEITE: Weil du selbst schon schlechte Erfahrungen gemacht hast, können dich entsprechende Schilderungen von Leidensgenossinnen leicht ausbremsen. Anstatt aber mit Umsicht vorzugehen und dich zu fragen, ob etwas das Richtige für dich ist oder ob du dir für die nächste Etappe nicht lieber etwas mehr Zeit nehmen solltest, sagst du dir, »Augen zu und durch«.

Da du dich entschieden hast, nichts ernst zu nehmen, entgeht dir das Heilige in deinem Leben und seine spirituelle Dimension.

DAS GLEICHGEWICHT: Halte angesichts einer jeder neuen Situation oder menschlichen Begegnung, die sich dir bietet, einen Moment inne, um dich zu fragen, ob sie mit deinen drei Seinsebenen Körper, Seele und Geist harmoniert. Dieser Moment der Besinnung, der sehr kurz sein kann, erlaubt es dir, dich von deiner Bewusstheit anstatt von deinen Emotionen leiten zu lassen.

DER IMPULS DES *QI*: Nimm dir Zeit, ehe du eine Entscheidung triffst. Höre auf die drei Seinsebenen, die dich ausmachen. Nimm das Heilige wahr.

DIE ALCHEMISTISCHE FORMEL: »Ich lausche aufmerksam meinen drei Seinsebenen, um meine Erfahrungen und Begegnungen zu genießen, ohne mir das Geringste davon entgehen zu lassen.«

DIE UNERMÜDLICHE
- 33 -

- 33 -
DIE UNERMÜDLICHE

Du bist gern im Alleingang unterwegs, vergisst aber manchmal, in deinem rasanten Tempo innezuhalten, was wichtig wäre, um auch einmal zur Ruhe zu kommen. Du genießt das Leben in vollen Zügen und verfolgst deine persönlichen und beruflichen Ziele voller Zuversicht und Elan.

DEINE STÄRKE: Nichts kann dich aufhalten. Weder die Schwierigkeiten noch die Welt noch die Menschen oder die Zeit. Du stellst dich dem Leben und kostest jeden Tag aus, als wäre er dein letzter. Ständig bist du auf der Suche nach neuen Erfahrungen und

Begegnungen, um dein Leben interessanter zu gestalten.

Nach jedem Hindernis, jeder Schwierigkeit raffst du dich wieder auf, denn für dich ist der Weg das Ziel.

DEINE SCHATTENSEITE: Vielleicht haben deine Eltern oder Lehrer*innen dir vorgelebt, wie ein erfülltes und gelungenes Leben auszusehen hat. Aber es wäre Selbstbetrug zu glauben, es gäbe ein Leben ohne Pausen und Zwischenstopps, ohne Stillstand und den Tod. Auf die Dauer ist dieses gehetzte Dasein nicht nur ermüdend, sondern laugt dich vielleicht so sehr aus, dass du gar nicht mehr auf die Beine kommst.

Du willst so schnell sein wie der Hase, vergisst aber, dass die Schildkröte mit ihrer Langsamkeit auch im Besitz großartiger Fähigkeiten ist.*

* Anspielung auf die Fabel »Die Schildkröte und der Hase« von Jean de la Fontaine nach Äsop (Anm. d. Red.).

DAS GLEICHGEWICHT: Lerne, nichts zu tun: Das heißt, empfange den »toten« Moment der Leere in dir. Ob es sich dabei um einen Moment der Ruhe, der Stille, Trauer oder Langeweile handelt: Alles kann zu einer Quelle des Lernens und des spirituellen Wachstums werden.

DER IMPULS DES *QI*: Lege Pausen ein. Nimm dir Zeit, um über die Vergänglichkeit und den Tod nachzudenken.

DIE ALCHEMISTISCHE FORMEL: »Ich lasse mich nieder, um voller Hingabe von der Quelle des Lebens zu trinken.«

DIE SELBSTSICHERE
-34-

- 34 -

DIE SELBSTSICHERE

Das Leben war dir von klein auf gewogen. Deshalb erfüllt dich ein tiefes Vertrauen in deine Fähigkeiten und in das Leben. Deine Antennen leiten dich auf deinem intuitiven oder rationalen Pfad, ohne dass du dir zu viele Fragen stellen musst. Menschen, die feststecken und im Leben nicht vorankommen, kannst du nicht verstehen.

DEINE STÄRKE: Du besitzt viel Rückgrat, das dich selbstbewusst deinen Weg gehen lässt, weil du schon früh dieses Grundvertrauen erlangt hast, nach dem so viele suchen.

Dieses Vertrauen erlaubt es dir, dein Leben voller Leichtigkeit und Gelassenheit zu leben.

Du schöpfst deine Kraft aus dir selbst, statt sie in anderen oder im Außen zu suchen, was dir in dieser Welt einen großen Vorteil verschafft.

Die Menschen wenden sich häufig an dich, weil sie nach diesem Vertrauen suchen, das sie in dir spüren und selbst nicht besitzen. Das macht dich zu einer geschätzten Ratgeberin und Freundin.

DEINE SCHATTENSEITE: Da du dieses Vertrauen in das Leben und dich selbst ebenso anderen Menschen entgegenbringst, musst du auch erfahren, dass es von manchen, ob aus böser Absicht oder Selbstsucht, missbraucht wird.

Übertreibe es daher nicht mit deiner Hilfsbereitschaft, wenn andere mit ihren Projekten und Problemen zu dir kommen. Dir gefällt es, anderen zu diesem Strahlen zu verhelfen, das sich aus dem Energiezentrum im Bereich des Solarplexus speist, aber du musst nicht für alle der Fels in der Brandung sein.

DAS GLEICHGEWICHT: Mache dir bewusst, dass du Menschen anziehst, die auf der Suche nach Vertrauen sind. Lerne, dich abzugrenzen, damit jede und jeder die Verantwortung auf dem eigenen Weg selbst übernimmt. Du musst dir sicher sein, dass andere umgekehrt auch dir etwas zu bieten haben.

DER IMPULS DES *QI*: Lasse dich niemals vorschnell zu einem Ja verleiten. Gehe deinen eigenen Soloprojekten nach.

DIE ALCHEMISTISCHE FORMEL: »Ich lebe zunächst dafür, meine eigenen Träume und Projekte zu verwirklichen, kann meine Kräfte sodann aber auch für andere einsetzen.«

DIE MUTIGE
-35-

- 35 -

DIE MUTIGE

Du bist mit einem überaus starken Willen gesegnet. Dieser Mut, den man mit dem einer Lichtkriegerin vergleichen könnte, hilft dir dabei, für deine Ideen stolz, erhobenen Hauptes und mit lauter Stimme einzustehen.

DEINE STÄRKE: Du hast diese Inkarnation gewählt, um dabei zu helfen, eine neue Welt zu erschaffen. Dich erfüllt eine unglaubliche Energie, und du verstehst es, dich den ganzen Tag unermüdlich für eigene und fremde Ziele einzusetzen. Gerne würdest du etwas von deinem Mut an andere abgeben, die es nicht schaffen, auf ihrem Weg voranzukommen, denn du besitzt auch ein großes Herz.

Dieser Mut ist der eines reinen Herzens, und du stellst dich mit ihm in den Dienst der Menschheit, nicht im Sinne eines Opfers, sondern voller Freude, denn das verleiht deinem irdischen Leben einen Sinn.

DEINE SCHATTENSEITE: Dein Mut ist eine Gabe, die über die Grenzen deiner Person hinausreicht. Sie lässt dich mit großen Schritten vorankommen, allerdings musst du darauf achten, sie nur für edle Zwecke einzusetzen. Missbrauche sie nicht, um Schlechtes zu tun, und überspanne den Bogen nicht, auch wenn du nur wenige Erholungspausen benötigst.

Du neigst dazu, davon auszugehen, dass jeder Mensch über ebensolche Kraft verfügt, und ärgerst dich bisweilen darüber, dass manche Menschen nicht aktiv werden, um sich den verschiedenen Etappen ihres Lebens zu stellen.

DAS GLEICHGEWICHT: Wenn du deinen Mut in den Dienst des Gemeinwohls stellst, entfaltet er darin seine ganze Schönheit und Kraft. Dann erhältst du die nötige Unterstützung von anderen, die sich unter deinen Adlerschwingen zusammenfinden, um sich dir und deiner Sache anzuschließen.

DER IMPULS DES *QI:* Breite deine Schwingen aus. Setze deinen Mut zum Wohle aller und für Vorhaben ein, die dem großen Ganzen dienen.

DIE ALCHEMISTISCHE FORMEL: »Ich öffne mich der Kraft, die mir mein Mut verleiht, um Größeres zu bewirken und meinem schönsten Schicksal zu dienen.«

DIE FRAU, DIE SICH IHRER GEFÜHLE BEDIENT

Du bist eine Frau, die von Anfang an mit der Achterbahnfahrt des Lebens vertraut ist. Du kennst dich mit Gefühlen aus und schwelgst von Zeit zu Zeit so sehr darin, dass du dich dabei auch in ihrer schmerzlichen Seite verlierst. Als Frau, die sich ihrer Gefühle bedient, ist dir die Bedeutung des weiblichen Zyklus bewusst, der dir dabei hilft, dich selbst besser kennenzulernen und eine engere Bindung zur belebten Natur zu schaffen.

DIE SICHERHEITSBEDÜRFTIGE
-36-

- 36 -

DIE SICHERHEITS-BEDÜRFTIGE

Du bist eine Frau, die gern vorausdenkt und sich absichert, um entspannt durchs Leben gehen zu können. Das bringt eine Stabilität in dein Leben, die es dir erlaubt, deinem Weg zuversichtlich zu folgen und dich vertrauensvoll den Situationen zu stellen, die dir auf ihm begegnen. Du siehst dein Leben vor dir wie eine Weltkarte, auf der jede deiner Ideen ihren Platz hat.

DEINE STÄRKE: Man kann auf dich zählen, weil du immer etwas in deinem Werkzeugkoffer hast, um dich den Eventualitäten zu stellen oder auf eine Situation zu reagieren.

Somit erscheint dein Leben von außen betrachtet erfüllt und ausgeglichen. Nur selten bringt dich etwas aus dem Gleichgewicht, weil du relativ gut in dir selbst verankert bist.

Die ausgeglichene Energie deines Wurzelchakras, aber auch deine tiefen Wurzeln, die bis ins Herz der Erde reichen, geben dir Halt und Zuversicht.

DEINE SCHATTENSEITE: Auf der Suche nach Sicherheit für dein Leben weigerst du dich manchmal, deine spirituelle Seite und die Geschenke des Universums anzunehmen. Dein Weg scheint dir vorgezeichnet, und deine Zukunftsvision lässt wenig Raum für neue Richtungen oder Möglichkeiten.

Du neigst dazu, allem mit Vernunft zu begegnen, denn das Unbekannte macht dir Angst. Allerdings vergisst du darüber all die Male, als dir zunächst etwas nicht geheuer war, was sich dann aber als durchaus sinnvoll und positiv erwiesen hat.

Was deine Kreativität betrifft, so dient sie

einzig deiner Weisheit, erlaubt dem Funken Verrücktheit in dir aber nicht, sich auszudrücken.

DAS GLEICHGEWICHT: Gestehst du dir zu, dein Leben weiterhin abzusichern, lässt dabei aber deinen etwas verrückten Ideen freien Lauf, so würzt du deinen Alltag mit einer Prise Fantasie und Originalität.

Lass dir dabei durch Kreativ- oder Tanzkurse helfen.

DER IMPULS DES *QI*: Erlaube dem Funken Verrücktheit in dir, sich auszudrücken. Verleihe deinem Leben Sicherheit, aber bleibe trotzdem flexibel. Nimm die Geschenke des Universums an.

DIE ALCHEMISTISCHE FORMEL: »Ich darf mich im Leben absichern, gleichzeitig aber auch in den Genuss seiner wunderbaren Geschenke kommen, mit denen ich meinen Alltag bereichern kann.«

DIE AUSGELASSENE
- 37 -

- 37 -

DIE AUSGELASSENE

Du bist eine Frau, deren Freude nach außen strahlt. Die Menschen mögen deine Gegenwart und deinen unerschütterlichen Optimismus, weil er das widerspiegelt, was sie gern in sich selbst finden würden. Die Freude ist deine tägliche Nahrung, weil sie dir Glück und Erfüllung bedeutet. Diese Ausgelassenheit ist wie ein uraltes Erbe, mit dem du einen Blütenteppich des Glücks und der Heiterkeit vor dir ausstreust.

DEINE STÄRKE: Du lebst aus dieser freudvollen Kraft, die sowohl deinen Körper als auch deinen Geist belebt. Es gelingt dir, in jeder Lebenslage den Elan zu finden, der dich dazu aufruft, das Leben zu lieben. Nie verlierst du dein Lächeln, und du genießt es, das Leben zu entdecken und mit dem zu spielen, was es dir bietet.

Von Natur aus bist du eine Optimistin, weil dir bewusst ist, welches Glück das Leben darstellt.

Deine Freude überträgt sich mit Leichtigkeit, was viele Menschen anzieht, denn du verströmst einen Enthusiasmus, den die meisten nur aus Kinderzeiten kennen.

DEINE SCHATTENSEITE: So wunderbar dir das Leben auch erscheinen mag, manchmal vergisst du darüber, dass es auch aus Kummer und Schwierigkeiten besteht. Um nicht an einer Enttäuschung hängen zu bleiben, hast du dir eine Haltung zugelegt, aus der du die Kraft schöpfen kannst, dir immer und überall deine Ausgelassenheit zu bewahren.

Betrachte jedoch auch die dunkle Seite

der Welt, das Leiden und die Verzweiflung, um die Realität so zu sehen, wie sie ist!

Andernfalls kann deine Ausgelassenheit zu einer Maske werden, die du aufsetzt, um die Wirklichkeit nicht an dich heranzulassen.

DAS GLEICHGEWICHT: Indem du dich auch der ungewissen und rätselhaften Seite des Lebens zuwendest, bleibst du in der Realität verankert, während du dir zugleich deine Freude als Erwiderung auf die Finsternis, die diese Welt umgibt, bewahrst.

DER IMPULS DES QI: Wage es, auch das dunkle Antlitz der Menschheit zu betrachten. Gib der Freude in dir Raum, aber verschaffe dir ein vollständiges Bild von der Realität.

DIE ALCHEMISTISCHE FORMEL: »Ich trage die Freude in mir, um auch in der Finsternis das Licht zu erblicken, das in diesem Leben stets zugänglich bleibt.«

DIE WIDERSPENSTIGE
- 38 -

- 38 -

DIE WIDERSPENSTIGE

Du widersetzt dich gerne, weigerst dich aber, das als einen Teil deiner selbst anzuerkennen. Was in den Augen der Gesellschaft ein Makel ist, stellt tatsächlich eine Schatztruhe der Wahrheit dar, die du in Ehren halten solltest, um dich mit dem, was sie birgt, im Labyrinth der Lektionen zurechtzufinden, die das Leben für dich bereithält.

DEINE STÄRKE: Wenn du auf die Barrikaden gehst, schüttest du dabei abwechselnd zwei entgegengesetzt wirkende Hormone aus: Adrenalin, das dir erlaubt, auf äußere Stressfaktoren zu reagieren, und Endorphin, das deinen Aufruhr beruhigt und dich besänftigt. Wenn du dich auflehnst, drückst du dich dabei also frei aus, ohne deinem Körper, deinen Gedanken oder deinen Sehnsüchten irgendwelche Fesseln anzulegen.

Das Aufbegehren erlaubt dir, deinen Standpunkt zu vertreten, ohne mit deinen Gefühlen hinter dem Berg zu halten.

DEINE SCHATTENSEITE: Wenn du dich auflehnst, schüttest du dabei auch Stresshormone aus, die deinen Körper aufwühlen und erschöpfen. Dein Widerspruchsgeist ist für dich ein Mittel zum Selbstausdruck, aber es wäre durchaus sinnvoll, dir auch auf andere Weise Gehör zu verschaffen. Durch dein widerspenstiges Auftreten übermittelst du den Menschen, die dir wichtig sind, negative Schwingungen, weshalb sie die positive Energie deiner Ideen und Gedanken nicht empfangen können.

Das Aufbegehren ist für dich eine Frage des Überlebens, nicht minder als das Atmen.

Aber warum ist das eigentlich so? Um das herauszufinden, musst du einen Blick in deine Kindheit werfen.

DAS GLEICHGEWICHT: Natürlich hast du das Recht, dich zu widersetzen, wenn deine Wahrheit nach einem eindeutigen und entschiedenen Ausdruck verlangt. Versuche dich jedoch auch an anderen Ausdrucksformen, die etwas sanfter und weniger vehement sind. Das bringt dir eine größere innere Ruhe.

DER IMPULS DES QI: Experimentiere mit verschiedenen Ausdrucksformen. Schreibe auf, was dich ärgert, und beschreibe das Ärgernis dann aus einem positiven Blickwinkel.

DIE ALCHEMISTISCHE FORMEL: »Ich setze meine Energie sinnvoll auf einem Weg ein, der mich wachsen lässt.«

DIE PASSIVE
-39-

- 39 -

DIE PASSIVE

Du bist eine Frau, die sich von dem tragen lässt, was das Leben und die Menschen ihr zu bieten haben. Du glaubst, dich mit dem, was du empfängst, begnügen zu können. Doch in dieser Genügsamkeit lässt du zu, dass dein freier Wille vom Außen beeinflusst wird, ohne selbst die Verantwortung für die Entscheidungen zu übernehmen, vor denen du stehst.

DEINE STÄRKE: Du lebst den gegenwärtigen Moment, denn alles scheint ein Geschenk für dich zu sein. Du urteilst nicht darüber, ob etwas gut oder schlecht ist, weil dir bewusst ist, dass alles nur vorläufigen Charakter hat.

Dein Leben verläuft wie ein sanftes Wiegen und scheint dich von aller Verantwortung und jeglichem gesellschaftlichen Druck zu entbinden. Durch diese Losgelöstheit bleibt dir manche Krankheit wie Burnout oder Depression erspart, die für unser Jahrhundert so typisch ist.

DEINE SCHATTENSEITE: Indem du dich auf diese Weise treiben lässt, wirst du jedoch von den Menschen und den Kräften des Universums, die deine Entschlusskraft auf die Probe stellen, willenlos mitgerissen. Du hast vergessen, dass das Universum von dir verlangt, Entscheidungen zu treffen, mit deinem freien Willen Verantwortung zu übernehmen und zu bestimmen, welchen Sinn dein Leben haben soll. Du hast dich der Verantwortung für das entzogen, was dich einzigartig macht: deine Menschlichkeit.

In diesem Mangel an Verantwortung dir

selbst gegenüber zeigt sich ein Hang, unreif bleiben zu wollen wie ein Kind, das die Augen vor dem Erwachsenwerden verschließt.

DAS GLEICHGEWICHT: Es ist möglich, dich vom unbewussten Strom des Lebens treiben zu lassen und ihm zugleich bewusst zu folgen. Das nimmt weder der ersehnten Einfachheit etwas noch dem gegenwärtigen Moment. Das Leben ist ein gesundes Gleichgewicht zwischen Loslassen und bewusster Wahl, die uns das Gefühl gibt, unser Menschsein wahrhaft zu erfüllen.

DER IMPULS DES *QI*: Triff Entscheidungen. Wähle und lass zugleich los. Übernimm die Verantwortung für dein Dasein und dein Schicksal.

DIE ALCHEMISTISCHE FORMEL: »Ich lasse mich vom Leben leiten und entscheide mich, je nach dem Weg, der sich vor mir abzeichnet, für ein Ja oder ein Nein.«

DIE AUFBRAUSENDE
- 40 -

- 40 -

DIE AUFBRAUSENDE

Wirst du vom Zorn erfasst, dann bist du beseelt vom Archetyp der Kriegerin des Lichts, die schneller zuschlägt als ihr Schatten. Diese Wut kann ebenso gesund wie zerstörerisch sein, je nachdem, welches Bewusstsein damit einhergeht. Die Wut ist wie ein Warnsignal, das dich aufrüttelt.

DEINE STÄRKE: In dir steckt alles, was eine Frau ausmacht. Deine Wahrheit führt dich verlässlich auf dem Weg der von dir gewählten Werte. Werden diese Werte, die dir so viel bedeuten, aber angetastet, verteidigst du sie mit dem Mut einer Löwin.

Du bist so sehr von deinen Werten überzeugt, dass du daraus den Kampfgeist schöpfst, dich mit Worten und Taten für sie einzusetzen. Dadurch gelingt es dir, deine Ideen mit einem gesunden Zorn zu verteidigen, der auch gehört wird.

DEINE SCHATTENSEITE: Lenkst du diese Wut nicht in die richtigen Bahnen, kann sie mit der Disharmonie, die dieser innere Aufruhr schafft, eine verheerende Wirkung auf dich haben.

Die fehlgeleitete Energie der Wut kann dein Ego befeuern oder dich glauben machen, es gäbe nur einen einzigen Weg, eine einzige Wahrheit.

Kommt diese Wut in dir auf, um eine alte Wunde nicht aufbrechen zu lassen, schleuderst du anderen dein Gift entgegen und verletzt die Menschen um dich herum.

DAS GLEICHGEWICHT: Setze deinen Zorn weise ein, damit deine Stimme und deine

Wahrheit klar vernommen werden. Deiner Unzufriedenheit kannst du mit Nachdruck und Entschlossenheit Gehör verschaffen, auch ohne dich in einen emotionalen Aufruhr zu stürzen.

DER IMPULS DES *QI*: Setze deinen Zorn als treibende Kraft ein. In Verbindung mit Weisheit und Sanftheit kannst du für einen gesunden Ausdruck deiner Wut sorgen.

DIE ALCHEMISTISCHE FORMEL: »Ich lasse mich von einem gesunden Zorn leiten, der den Boden für neue Wahrheiten bereitet.«

DIE SCHMOLLENDE
- 41 -

- 41 -
DIE SCHMOLLENDE

Wenn du schmollst, dann ziehst du die Aufmerksamkeit auf deine kindlich frustrierte Seite. Das ist ein stummer Hilferuf. Diese Haltung verleiht dir ein trotziges Aussehen und zieht jene an, die gern Hilfe leisten. Als Schmollende kennst du deine Bedürfnisse, bist aber nicht in der Lage, sie selbst zu erfüllen.

DEINE STÄRKE: Die Rolle der Schmollenden kann sehr rasch zur Gewohnheit werden, um deine Bedürfnisse auszudrücken. Du weißt also sehr gut, was du brauchst, um im Alltag auf deine Kosten zu kommen.

Wenn du schmollst, kehrst du deine hilfsbedürftige Seite heraus, die dir gleich einem Zauberstab das verschafft, was du dir wünschst. So erreichst du mithilfe anderer mühelos und auf allen Ebenen die Erfüllung deiner Bedürfnisse, denn du findest immer die passenden Köder für dein jeweiliges Verlangen.

DEINE SCHATTENSEITE: Du drückst deine Bedürfnisse in der Erwartung aus, dass jemand anders sie befriedigen muss.

Durch die Rolle der Schmollenden, mit der du an die Überredungskünste eines kleinen Mädchens erinnerst, vermeidest du es, dich deines Charmes als Frau zu bedienen, was sich als fatal erweisen könnte. Dieses Rollenspiel hindert die Frau in dir daran, sich auszudrücken, und hält dich in der Rolle des kleinen Mädchens mit seiner Sehnsucht nach einem Märchenprinzen gefangen.

Im Grunde genommen läuft dieses Spiel, das du spielst, um deine Bedürfnisse zu befriedigen, auf Manipulation und emotionale Erpressung hinaus.

DAS GLEICHGEWICHT: Wie wäre es, deinem Schmollen einen erwachseneren Anstrich zu geben, indem du auf kindliche Mimik verzichtest, um so zu einem authentischeren Ausdruck in der Stimme und in diesem Körper einer reifen Frau zu gelangen? Dann ersetzt du das Rollenspiel durch ein intensiv gelebtes Leben, in dem du selbst diejenige bist, die sich der Erfüllung deiner Bedürfnisse annimmt.

DER IMPULS DES *QI*: Werde erwachsen. Sorge selbst für die Erfüllung deiner Bedürfnisse. Stehe zu deiner sinnlichen Seite.

DIE ALCHEMISTISCHE FORMEL: »Ich lebe meine sinnliche Seite als erwachsene Frau und erfreue mich an den Gesten, durch die ich meine Bedürfnisse auf authentische Weise zum Ausdruck bringe.«

DIE TRAURIGE
- 42 -

- 42 -

DIE TRAURIGE

Deine Rolle ist die der Weinenden, derjenigen, die ihre Tränen ebenso zögernd wie freudig annimmt. Die Traurigkeit gehört so sehr zu deinem Leben wie die Freude oder die Angst. Sie tröstet dich, bringt dir Erlösung, aber auch Momente der Freude im steten Dahinplätschern deines Lebens. Das Element Wasser spielt eine ganz besondere Rolle auf dem Weg deiner spirituellen Heilung.

DEINE STÄRKE: Tränen und Traurigkeit sind für dich nichts Negatives, und du lehnst sie nicht ab. Du bist sehr gut in deinem Yin verankert und kannst die Schatten, deine eigenen Gefühle und die anderer Menschen annehmen.

Mit dieser Fähigkeit wäre es dir ein Leichtes, trauernde Menschen zu begleiten und ihnen in den verschiedenen Phasen der Trauer eine Stütze zu sein. Ebenso kannst du anderen helfen, das Leben auch dann zu bejahen, wenn sich Gefühle einstellen, die mit der Verletzlichkeit einhergehen, wie sie die menschliche Erfahrung mit sich bringt.

DEINE SCHATTENSEITE: Die Traurigkeit steht für eine ganze Welt in deinem Leben. Oft ist sie das vorherrschende Gefühl, das du zum Ausdruck bringst, auch in deiner Freude, Angst oder Wut. Alles verbirgst du hinter diesem Tränenschleier, der dir den Schutz und das Mitgefühl der anderen sichert. Sie bewundern dich für den Mut, deine Tränen offen zu zeigen. Doch in diesen Tränen offenbart sich häufig noch die Opferrolle, in der du dich vergräbst.

Die Traurigkeit steht mit der Lunge in Verbindung, und wenn du immer wieder in sie verfällst, schwächst du dieses Organ und kannst nicht mehr frei atmen.

DAS GLEICHGEWICHT: Wann immer dich eine Emotion überwältigt, solltest du dir die Zeit nehmen, um sie in Worte zu fassen, und dich fragen, ob Tränen wirklich der angemessenste Ausdruck für sie sind.

DER IMPULS DES *QI*: Verlasse das verhängnisvolle Dreieck aus Opfer – Henker – Retter. Spiele vor dem Spiegel durch, wie du andere Emotionen, aber auch die Traurigkeit anders ausdrücken kannst.

DIE ALCHEMISTISCHE FORMEL: »Jede Emotion wird als Energie empfangen, die befreit werden muss, damit sie zu anderen Zielen weiterziehen kann.«

DIE FRAU, DIE SICH IHRES KÖRPERS BEDIENT

Du gehörst zu den Frauen, die ihren Körper durch eine gesunde Ernährung, Sport, meditative Übungen wie Yoga, Qigong, Atemtechniken und Ähnliches in Ehren halten.

Schon immer war es für dich eine deiner Prioritäten, dich um deinen Körper zu kümmern, auch wenn es dir nicht immer gelingt, auf ihn zu hören oder ihm das zu bieten, was gut für ihn ist. Dein Körper ist ein heiliger Tempel.

DIE SCHÖPFERISCHE
-43-

- 43 -
DIE SCHÖPFERISCHE

Es ist ein Muss für dich, etwas zu erschaffen, um dich ganz lebendig zu fühlen. Kreativ zu sein bedeutet aber nicht unbedingt, dass du Künstlerin bist. Doch dir ist bewusst, dass du, um über dein Leben bestimmen zu können, dir einen Alltag schaffen musst, der deinen Träumen nahekommt. Du liebst es, Projekte ins Leben zu rufen und zu betreuen und etwas mit deinen Händen zu kreieren, sei es an den Tasten eines Klaviers oder anhand der verschiedensten Stoffe und Materialien: Kochen, Nähen, Weben, Patchwork, Malen, Modellieren, Bildhauerei, Design …

DEINE STÄRKE: Du besitzt eine grenzenlose Fantasie und sprudelst nur so über vor Ideen. Nie fehlt es dir an der Inspiration, um dein privates oder berufliches Leben zufriedenstellender zu gestalten.

Du wirst gerne kreativ, um Spaß zu haben, deine Projekte voranzutreiben, anderen unter die Arme zu greifen, in deinem Job voranzukommen, um dein Zuhause zu verschönern oder deinen Alltag zu bereichern.

Im kreativen Tun erreichst du eine Ebene der Meditation, auf der sich dein Sein mit der Kunst verbindet.

DEINE SCHATTENSEITE: Dieser Schaffensdrang ist bei dir übermächtig und hindert dich manchmal daran, deine eigenen Herzensprojekte zu verwirklichen. Gern lässt du dich auch auf fremde Projekte ein, ohne zu wissen, ob sie zu deiner aktuellen Schwingung oder Laune passen.

Dieser ständige Drang, etwas zu erschaffen, den du kaum jemals hinterfragst, lässt dich manchmal ganz wunderbare Gelegenheiten versäumen, dich selbst zu verwirklichen.

Es fehlt dir an einem inneren Anker, und häufig steckt dein kreativer Kopf in den Wolken, was dich bisweilen von den Aufgaben deiner jetzigen Inkarnation wegführt.

DAS GLEICHGEWICHT: Hast du eine kreative Idee, dann halte sie in einem Notizheft fest und komme etwas später darauf zurück, um herauszufinden, ob dabei immer noch etwas in dir anklingt. Arbeite immer nur an einem Projekt, um dich nicht in vielen zu verlieren.

DER IMPULS DES *QI*: Sei geduldig mit deinen Kreationen. Geh etwas auf Abstand zu deinen kreativen Ideen.

DIE ALCHEMISTISCHE FORMEL: »Meine Leidenschaft für das Kreative führt durch das Herz und das Becken, weil es gilt, meine Ideen ganz konkret in mir zu verankern.«

DIE VERSPIELTE
-44-

- 44 -

DIE VERSPIELTE

Du amüsierst dich gerne und versuchst gar nicht, das Leben zu verstehen. Mit einem Augenzwinkern empfängst du alles, was dazu dient, Spaß im Leben zu haben. Das Spiel verschafft dir leichten Zugang zu dem kindlichen Anteil in dir, der für das Staunen steht, zugleich aber auch für dein »ich bin«.

DEINE STÄRKE: Du nimmst andere gern auf den Arm, stellst sie auf die Probe, erfreust sie mit deinen Überraschungen und spielst mit den Elementen. Als mögliche Berufswahl kommt für dich alles infrage, was mit

Unterhaltung und Kunst zu tun hat. Du weißt, dass ein Lachen in schwierigen Zeiten ein Funke ist, der eine Brücke zum Herzen, zum Leben und zur Gemeinschaft schlägt, und dass es dazu keiner Worte bedarf. Du stellst das Leben auf die Probe, weil du die Regeln des Spiels der Menschheit akzeptierst.

Als schalkhaftes Wesen begegnest du der Welt mit der nötigen Ironie, um unbeschwert durchs Leben zu gehen.

DEINE SCHATTENSEITE: Deine Stärke, das Spiel, lässt dir häufig keine andere Wahl, als alles durch die Brille der Spottlust zu betrachten. Je nachdem, wie tief deine seelischen Wunden sind, ist es aber wichtig zu verstehen, dass diese Spottlust dir als Selbstschutz dient, mit dem du Gefühle überspielst, die du nur ungern zulassen willst. Denn sie führen dich zu deiner ursprünglichen Verletzung. Es ist an der Zeit, statt ins Lachen abzutauchen, in die Dualität zwischen Himmel und Erde einzutreten.

Wer verbirgt sich hinter deiner Verspieltheit? Was trägt das Lachen zu deinem Leben bei? Was willst du damit überspielen?

DAS GLEICHGEWICHT: Indem du das Wagnis eingehst, in dein Inneres einzutauchen, in den Schmelztiegel deiner Spiritualität und deiner physischen Inkarnation, öffnest du eine neue Achse in dir. Diese Achse erstreckt sich nicht in der Horizontalen zwischen dem Innen und Außen, sondern in der Vertikalen zwischen Himmel und Erde.

DER IMPULS DES *QI*: Stelle dir ein Spiel vor, das über deinen gegenwärtigen Horizont hinausreicht. Nimm alle Regeln des Spiels der Menschheit an.

DIE ALCHEMISTISCHE FORMEL: »Ich bringe mich mit meiner Begeisterung und Weisheit ins Spiel, um in alle Spiegel der Menschheit zu blicken.«

DIE VERBINDENDE
- 45 -

- 45 -

DIE VERBINDENDE

Du besitzt eine mächtige Gabe, Menschen miteinander zu verbinden. Deine Magie ist die der Schwesternschaft, denn dir ist die Macht des Kollektivs bewusst. Häufig wirst du aktiv, um Menschen zusammenzubringen, denn du spürst, dass diese neue Welt diesen Zusammenschluss braucht, bei dem gegenseitige Unterstützung, Respekt und Wohlwollen die Grundlage jeden Austauschs und jedes gemeinsamen Projekts bilden.

DEINE STÄRKE: Du besitzt eine ausgeprägte Fähigkeit, jeden Menschen in einem größeren Kontext wahrzunehmen, erachtest ihn als Teil eines großen Puzzles, in dem jeder seinen Platz hat. Auf diesem Spielbrett gibt es keine Verlierer. Du führst gerne Menschen zusammen, damit alle in diesem Erschaffen einer neuen Welt ihre Position einnehmen.

Du hast eine ganzheitliche Sichtweise und verfügst über eine große Offenheit des Geistes und des Herzens. Das ist ein Schatz, den es zu bewahren gilt.

DEINE SCHATTENSEITE: Noch hast du Angst vor diesem Schritt, denn du musst zunächst die Erinnerungen des Kollektivs an eine Zeit heilen, als die Schwesternschaft einer harten Bewährungsprobe unterzogen wurde.

Wage es, diese Angst in dir wahrzunehmen, und lass dich zu einem neuen Vertrauen begleiten, damit eine neue Welt entstehen kann.

Halte Ausschau nach anderen Schwestern, damit du nicht allein zur Symbolfigur einer Mission wirst, der du dich nicht gewachsen fühlst. Dein Ego und die Machtspiele gehören zu den Dingen, die du hinter dir lassen musst.

DAS GLEICHGEWICHT: Diese Gemeinschaft beginnt schon dort, wo zwei Frauen zusammenkommen. Es dauert, bis die menschliche Kette der Schwestern sich gebildet hat. Die Erde achtet nicht auf die verstreichende Zeit.

DER IMPULS DES *QI*: Bringe auch kleine Gruppen zusammen. Hab Geduld. Sei bescheiden.

DIE ALCHEMISTISCHE FORMEL: »Ich möchte meine Schwestern überall auf der Welt wiederfinden, denn gemeinsam werden wir zu den Begründerinnen der wiedergeborenen Schwesternschaft.«

DIE FÜRSORGENDE
-46-

- 46 -

DIE FÜRSORGENDE

Du bist mit deiner Fürsorge stets für andere da. Ob das nun durch einen stets einladend und üppig gedeckten Tisch zum Ausdruck kommt oder indem du auf andere eingehst und sie selbstverständlich in den Arm nimmst, um sie zu beruhigen und zu trösten: Du kümmerst dich gern um andere Menschen, denn das ist deine erste Bestimmung auf Erden.

DEINE STÄRKE: Du verfügst über einen ausgeprägten Sinn für Solidarität und gegenseitige Unterstützung sowie die Fähigkeit, andere auf mütterliche Art zu umsorgen und mit deiner Liebe zu nähren. Diese Liebe gleicht einem tiefen Brunnen, und aus ihr schöpfst du auch in Zeiten der Bedrängnis die Kraft auf deinem Weg.

Du schenkst anderen gerne deine Zeit, vor allem jenen, die in Not sind und denen es an Liebe fehlt. Du bist mit dem Archetyp der Maria verbunden, mit offenen Armen und einem liebenden Herzen.

Dein Bauchgefühl sagt dir, dass es einen fruchtbaren Boden gibt, der dein Leben und das der anderen nährt.

DEINE SCHATTENSEITE: Weil deine Liebe immerzu um die anderen kreist, vernachlässigst du dich darüber häufig selbst. Du trägst eine alte Verletzung in dir, die dich glauben macht, du würdest keine Liebe verdienen, also ziehst du es vor, sie an andere zu verschenken.

Du glaubst, eher geben zu müssen, als empfangen zu dürfen, weil du als Kind nicht genügend Liebe erfahren hast.

Wir sprechen hier über echte Liebe, die nicht nach einer Gegenleistung verlangt.

DAS GLEICHGEWICHT: Wenn du diesen Archetyp für deinen Weg wählst, muss dir bewusst sein, dass du dich damit in der Rolle der »Heiligen« versteckst. Fang damit an, dir selbst mit genauso viel Liebe zu begegnen, wie du für andere aufzubringen weißt. Dann findest du dein inneres Gleichgewicht in der echten Liebe, in der es keine Bedingungen und ein ausgewogenes Verhältnis von Geben und Nehmen gibt.

DER IMPULS DES *QI*: Nimm dir Zeit, dich zu lieben. Richte jeden Tag wertschätzende Worte an dich selbst. Mache dich zu deiner Priorität.

DIE ALCHEMISTISCHE FORMEL: »Ich liebe mich, weil ich wie jeder andere Mensch Teil des göttlichen Plans bin.«

DIE ZYKLISCHE
-47-

- 47 -
DIE ZYKLISCHE

Du bist eine Frau, die sich ihrer Gefühle und ihrer Verletzlichkeit annimmt. Du bist deinem Zyklus dankbar, dass er dich jeden Monat von emotionalem Überdruck befreit. Es ist ein Rhythmus, den du in den großen Zyklen des Lebens wiederfindest und zu ehren weißt: in den Jahreszeiten, im Kreislauf von Leben und Tod, in den Zyklen von Sonne und Mond sowie im individuellen Lebenszyklus mit seinen verschiedenen Abschnitten.

DEINE STÄRKE: Du hast einen Sinn für die menschliche Natur und ihre Rhythmen, die mit denen der Erde in Verbindung stehen, und liebst die Menschen ebenso sehr wie die Natur. Du feierst jeden Lebensabschnitt oder die monatliche Blutung durch altüberlieferte Rituale, bist verbunden mit den Gestirnen. Du sprichst mit der Natur und ihren Lebewesen. Du bist eine Hüterin der Lebenszyklen und bringst andere dazu, sie zu ehren.

Die Verbindung mit diesen Zyklen verleiht deinem Leben eine gewisse Regelmäßigkeit, aus der du die Disziplin schöpfen kannst, dir selbst eine Lehrerin zu sein.

DEINE SCHATTENSEITE: Du bist eine weise Frau, die sich gerne in die Wandlungen der Elemente vertieft, um an ihnen den Gang der Zeit abzulesen. Dieser Bezug zur Zeitlichkeit führt zu einer Verschiebung gegenüber dem Rhythmus der Gesellschaft, die vergessen hat, im Einklang mit den Jahreszeiten zu leben.

Und es ist diese Verschiebung, die dir manchmal verwehrt, dich in die Welt zu integrieren und zu akzeptieren, dass du in diesem Jahrhundert inkarniert bist. Häufig verspürst du den Drang, allein mit der Natur anstatt mit deinen Schwestern zusammen sein zu wollen, die du weniger gut verstehst.

DAS GLEICHGEWICHT: Nimm deine Rolle als Hüterin der Zyklen des Lebens an, damit auch andere dich in dieser Rolle wahrnehmen. Wage dich damit auf alle Ebenen der Gesellschaft, um Überzeugungen zu verändern.

DER IMPULS DES *QI*: Erschaffe Übergangsrituale für die Mond- und Sonnenphasen, Lebensabschnitte, Jahreszeiten, den Wechsel der Sternbilder. Rufe die Hüterin der Zyklen an, die dich begleiten wird.

DIE ALCHEMISTISCHE FORMEL: »Ich ehre meine Aufgabe als Hüterin der Zyklen, um der Welt zu ermöglichen, in eine neue Ära einzutreten.«

DIE SPORTLICHE
-48-

- 48 -

DIE SPORTLICHE

Du liebst die Schönheit des Körpers in all ihren Facetten. Du versenkst dich in die menschlichen Konturen und suchst in dieser lebendigen Skulptur die Perfektion des Fleisches, der Muskeln, der Knochen. Oder du betrachtest den menschlichen Körper wie eine Malerin als ein unvollendetes Gemälde, eine Leinwand, auf der du dein Selbstporträt erschaffst.

DEINE STÄRKE: Im Sport suchst du den Kick des Adrenalins und der Endorphine, die dich kraftvoll und lebendig fühlen lassen. Das bringt dich wieder mehr in Kontakt mit deinem Körper und zu diesem heiligen Tempel zurück, den du so gerne hegst und pflegst. Der Sport verbindet dich nicht nur mit deinen Gefühlen, indem du sie herauslässt, sondern schafft auch eine Verbindung zu deinem Bewusstsein, das dich wiederum mit deiner inneren Energie verbindet, und gleichzeitig erlaubt er dir, die Grenzen deines Bewusstseins zu verschieben.

DEINE SCHATTENSEITE: Der Sport kann für dich zu einer wahren Droge werden, über der du alles andere vergisst. Du wirst süchtig danach, brauchst deine tägliche Dosis und fühlst dich schlecht, wenn du keinen Sport machen kannst, weil du nicht weißt, wie du anders als durch sportliche Betätigung auf deinen Endorphinspiegel kommst.

Sport ist im Übrigen deine Therapie, um Gefühle zu verarbeiten und Stress abzubauen. Was den guten Umgang mit dir selbst und die Selbstfindung betrifft, hast du alles auf eine Karte gesetzt. Sport kann jedoch zum Mittel für dich werden, deine Verletzlichkeit und Schwäche zu kaschieren, die du verleugnest und die doch Teil des heiligen Weiblichen sind.

DAS GLEICHGEWICHT: Finde andere Möglichkeiten, wie du Spaß haben kannst. Versuche dich in anderen Aktivitäten. Suche Therapeut*innen auf und finde andere Wege, um deine Gefühle und deine Energie zu entdecken. Dann wirst du den Sport nicht mehr als Droge benutzen, sondern als ein Mittel unter anderen, dich um dein Wohlbefinden zu kümmern.

DER IMPULS DES *QI*: Probiere neue Aktivitäten aus. Meditiere, schreibe. Sprich über deine verletzliche Seite.

DIE ALCHEMISTISCHE FORMEL: »Dank unterschiedlichster Werkzeuge, unter denen der Sport das wichtigste ist, achte ich auf mein Sein.«

DIE KÜNSTLERIN
- 49 -

- 49 -

DIE KÜNSTLERIN

Du bist eine Frau, auf die in dieser Welt alle Augen gerichtet sind, weil du verborgene Gefühle wach werden lässt. Dennoch ist deine Rolle in der Gesellschaft schlecht angesehen und findet nur wenig Anerkennung. Die Künstlerin gilt in ihr als ein Wesen, das sich mit seiner Kunst auslebt und sich darin selbst genügt. So übst du Anziehungskraft auf eine Gesellschaft aus, die du zugleich infrage stellst und in der man mit den eigenen Gefühlen nur schlecht zurechtkommt.

DEINE STÄRKE: Du hast die Gabe, durch deine Kunst beim Betrachter verschüttete

Gefühle zu wecken. Kunst drückt sich nicht durch Worte aus, sie spricht die Sinne an und macht so eine Erfahrung erlebbar.

Deine Kunst ist dazu da, die Gesellschaft von der Last des Unausgesprochenen, der Tabus, der Geheimnisse und verborgenen Gefühle zu befreien. In dir ist die Kraft, auf subtile und unwillkürliche Weise ans Licht zu bringen, was die Welt nicht in sich spüren will.

DEINE SCHATTENSEITE: Als freies Wesen fügst du dich nur dort in die Schablonen der Gesellschaft, wo du Bewunderung erfährst. In solchen Momenten gehen dein Ego und dein Stolz mit dir durch, und du neigst dazu, mit deiner Kunst Erwartungen zu bedienen, statt auf deine Seele zu hören. Deine Kunst ist dazu da, die Schattenseite des Universums auszudrücken, und kann sich ihrer wahren Bestimmung nicht entziehen, ohne dass du dich selbst dabei verlierst.

Findet deine Kunst keine Anerkennung,

neigst du dazu, in eine finstere Stimmung zu verfallen, ohne mehr nach dem Licht in dir zu suchen.

DAS GLEICHGEWICHT: Folge weiter deinem Weg, während du die Verbindung zu deiner Seele aufrechterhältst, um die Welt auf die bevorstehenden Veränderungen vorzubereiten. Du bist nicht hier, um den Menschen zu gefallen, sondern der Welt.

DER IMPULS DES *QI*: Vertraue auf dein Talent. Lege dir einen inneren Kompass zu, der dich davor bewahrt, dich zu weit von deiner Schatzkammer – deiner Kunst – zu entfernen.

DIE ALCHEMISTISCHE FORMEL: »Ich bin die Künstlerin meines Lebens und vertraue auf die Botschaften des Universums, das mich zielsicher führt.«

ÜBER DIE AUTORIN

Audrey Saxod Loups alias Eloha – *Âme de femme:* Sie arbeitete zwanzig Jahre lang als ganzheitliche Therapeutin, begeisterte sich dann für die traditionelle chinesische Medizin und praktizierte anschließend als Akupunkteurin und Ernährungstherapeutin.

Inzwischen hat Eloha einen neuen Beruf erschaffen: den der »Erweckerin«, dessen Grundlagen in der ersten französischsprachigen Ausbildung vermittelt werden, die Expertinnen des heiligen Weiblichen zusammenführt. Er hat zur Aufgabe, Frauen in ihrer persönlichen und beruflichen Entfaltung zu unterstützen.

Ihr Traum: Jede Frau soll ihre Macht als selbstbestimmte Frau ergreifen und dabei mithelfen, dass die Welt zu mehr Harmonie findet.

Webseiten: www.amedefemme.top
www.amedefemme.com
facebook.com/elohaloups
@amedefemmeunity
@eloha_eveilleuse
@amedefemme

ÜBER DIE ILLUSTRATORIN

Stéphanie Pitino alias ClairObscur Art ist eine intuitive und leidenschaftliche Künstlerin. Als gelernte Graphikerin und Webdesignerin hat sie sich auf die Illustration von Fantasy spezialisiert und erstellt jedes Jahr einen eigenen Kalender.

Als autodidaktische Fotografin erschafft sie in ihrer Fantasie ein Bild der Protagonistinnen, das sie daraufhin in Zusammenarbeit mit den Models und Stylistinnen umsetzt. Seit 2016 interessiert sie sich für das Erstellen von Videos und arbeitet mit dem YouTube-Channel »Tistrya« zusammen, für den sie einige Dokumentarfilme in Szene gesetzt hat, darunter »Renaissance«.

Von klein auf wurde sie vom Universum der Feen und Mythologien, von der Natur und allem, was mit feinstofflichen, imaginären Welten zu tun hat, inspiriert. Bis heute ist sie vom Wunsch beseelt, ihre Träume und Gefühle mit anderen zu teilen.

Außerdem kreiert sie Schmuck und entwickelt Halbedelstein-Kollektionen für die Edelsteintherapie.

Webseite: www.ClairObscur.fr
Boutique: www.bijoux-clairobscur.com
facebook.com/clairobscur.art
@clairobscur.art

DANK

Zunächst möchte ich mich bei meinem Verlag, Le Courrier du Livre, für das Vertrauen über den gesamten Verlauf meiner Projekte bedanken.

Stéphanie danke ich für ihre Arbeit, die von unglaublicher Schönheit ist und die Dualität der Frauen perfekt illustriert.

Schließlich gilt mein Dank all den Frauen, die ich in mehr als zwanzig Jahren kennenlernen und begleiten durfte und ohne die dieses Kartendeck nicht zustande gekommen wäre

Eloha

BILDNACHWEISE

Alle Illustrationen dieses Orakels wurden mit der Technik der Fotomontage und des digitalen Paintings erstellt. Die Fotos stammen aus dem lizenzfreien Pool von Adobe Stock, aus der Zusammenarbeit mit Fotograf*innen sowie aus eigenen Fotoshootings der Illustratorin.

05. Die Ichbezogene
Model: Mejika Setsunai / Collier: Goth it

09. Die Liebende
Model: Jade Marendaz-Despont / Make-up: Liv Laps / Frisur: Emi Li (Arsène) / Schmuck: Martine Brun / Kleid: France Linger (Argothe Couture)

12. Die Feinsinnige
Model: Mejika Setsunai / Stylist: Antik Couture / Make-up: Salima Toumi

15. Die Erfindungsreiche
Model: Mejika Setsunai / Collier: Martine Brun

16. Die Abenteurerin
Model: Cassandra Pauchet / Schmuck: Martine Brun / Make-up: Liv Laps / Frisur: Emi Li (Arsène)

18. Die Zurückgezogene
Model: Mejika Setsunai

19. Die Suchende
Model: Yulia Lemeshenko / Make-up: Amandine Ribiollet

20. Die Priesterin
Model: Yulia Lemeshenko / Kopfschmuck: Fairytas

22. Die Weise
Model: Pascale Réalis (Heïdi)

24. Die Verletzliche / 29. Die Unabhängige
Model: Faestock

25. Die Eremitin
Foto: Thanh Nguyen / Model: Marie Coutance

33. Die Unermüdliche
Model: Marine Silveiro / Stylist: Madjeester / Kopfschmuck: Fairytas

36. Die Sicherheitsbedürftige
Model: Mejika Setsunai / Schmuck: ClairObscur Art

39. Die Passive
Model: Julie Cherki / Foto: Thanh Nguyen

46. Die Fürsorgende
Model: Rock'n doll – Marjolaine / Stylistin: Virginie Collin